church growth school

사역자훈련교안(MTS) 특별과정

교회성장학

교회성장연구소

Ministry Traning School

MTS란?

- MTS(Ministry Traning School, 평신도 사역자 훈련스쿨)는 평신도를 2년 과정의 10가지 코스를 통해 사역자로 훈련시키는 과정이다.
- MTS의 특징은 주입식 교육이 아니라 워크샵 중심이며 훈련 교재가 쉽다는 점이다.
- 2년이라는 단기간에 10가지 과정을 훈련시킴으로써 사역에 필요한 사명과 자질을 구비시킬 수 있다.
- MTS는 현재 한국 교회의 대표적인 사역 트렌드인 평신도 신학, 제자훈련, 셀, 알파코스, 멘토링의 원리와 신학을 한국교회의 상황에 맞게 통합적으로 적용한 평신도 사역 훈련 시스템이다.
- MTS를 통하여 당신의 교회는 "목회자에게서 배우고, 목회자를 돕고, 목회자와 동역할 수 있는 평신도 사역자"를 배출하게 될 것이다.

목 적
- 전통적인 교회 구조에서 평신도를 목회자 같은 사역자로 세우기 위함.
- 담임 목회자 중심의 목회를 도울 수 있는 핵심적인 사역자로 훈련하기 위함.
- 평신도 사역자를 체계적으로 양육할 수 있는 시스템을 교회에 제공하기 위함.

개 요
- MTS는 크게 Long-term Course 와 Intensive Course로 운영한다.
- LC는 10주를, IC는 2박 3일을 기본단위로 한다.
- LC는 보통 1~3월, 4~6월, 9~11월에 실시한다.
- IC는 여름과 겨울에 수련회 방식으로 진행한다.
- 인원은 기본적으로 한 모임당 30~40명으로 구성한다.
- 구성된 모임은 1개의 대그룹과 3~4개의 소그룹으로 운영한다.
- 모임은 낮모임(주부), 저녁모임(직장인), 주말모임(가족단위)이 있다.
- 모임의 내용은 식사, 주제강의, 소그룹토론 및 기도회로 이루어진다.
- 2년 과정을 마친 사람들은 다양한 사역현장으로 파송된다.

특 징
- 전통적인 교회 구조 안에서 평신도들을 목회자 같은 사역자로 세운다.
- 평신도 운동, 제자훈련, 셀, 알파, 멘토링, 코칭의 원리를 통전적으로 반영하였다.
- 2년이라는 정해진 훈련기간과 스쿨이라는 체계적 시스템을 이용한 프로그램이다.
- 목회자에게 배우고, 목회자를 돕고, 목회자와 함께 사역하는 평신도 사역자를 개발한다.
- "불신자에서 교인으로, 교인에서 제자로, 제자에서 사역자로"

Ministry Traning School

약자로 본 MTS의 의미

▶ 명 칭 ◀
Ministry : 사역자   Training : 훈련   School : 학교

▶ 역 할 ◀
Mentoring or Modeling – 가르치는 자의 역할
Training – 배우는 자의 역할
Systematizing – 시스템을 통해 운영

▶ 단 계 ◀
Making Believers – 신자화
Training as Disciples – 제자화
Serving as Workers – 사역자화

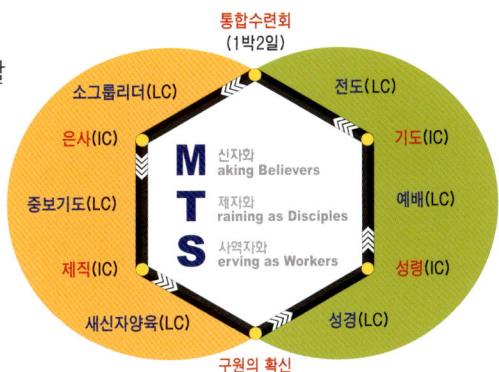

MTS 운영단계

1. 신자화 과정 : 그리스도 알아가기 (예비과정)

새신자 혹은 구원의 확신이 아직 없다고 판단되는 신자를 MTS에 참여시킬 경우 필수적으로 거치도록 하는 과정으로서, 일반 제직이나 임명받은 평신도들은 제외할 수 있다.

- ▶ Long-term Course : 6주
- ▶ Intensive Course : 2박 3일

2. 제자화 과정 : 그리스도 따라하기 (1년차)

- ▶ Long-term Course (10주)
  ① 성경가이드학교   ② 예배훈련학교   ③ 전도자훈련학교
- ▶ Intensive Course (2박 3일 수련회 형식으로 여름/겨울 각각 1회 실시)
  ① 기도훈련학교   ② 성령학교

3. 사역자화 과정 : 그리스도 섬기기 (2년차)

- ▶ Long-term Course(10주)
  ① 소그룹리더훈련학교   ② 중보기도학교   ③ 새신자양육학교
- ▶ Intensive Course(2박 3일 수련회 형식으로 여름/겨울 각각 1회 실시)
  ① 제직학교   ② 은사학교

Ministry Traning School

4. 특별과정 : 그리스도 안에서 성장하기(3년차 이상)

▶ 2년차 과정을 수료한 사람들을 위한 심화과정

▶ 교회성장학교, 주일교사학교, 결혼예비학교 등 다양한 과정

MTS 10주 일정

주	1	2	3	4	5	6	7	8	9	10
교재	1과	2과	3과	4과	5과	6과	7,8,9과	10과	11과	12과
특별행사	입학식	필독과 제배분					수련회			만찬/수료식
과별사역	각 과에 필요한 과외 프로그램을 그때마다 진행									

MTS 모임형태와 순서 (저녁모임의 예)

시 간	순 서	담 당 자	진 행 방 법
6:00~7:00	식사	봉사자들	식사는 가능하면 소그룹별로 한다
7:00~7:40	주제강의	담임목회자	40분 동안 교재의 내용을 쉽고 재미있게 강의 형태로 진행한다
7:40~7:50	티타임	봉사자들	소그룹별로 흩어지는 과정에서 잠시 교제하며 차를 마신다
7:50~8:30	소그룹 모임	소그룹 리더	4W : Welcome(아이스브레이크), Word(주제강의반복), Witness(삶의 나눔), Work of prayer(기도사역) (목회자는 매주 1개 그룹씩 돌아가며 참석한다)
8:30~8:45	대그룹 기도회	담임목회자	담임목회자가 제시하는 기도제목이나 소그룹에서 올라온 중보기도제목을 놓고 함께 기도하고 마무리한다

CHURCH GROWTH
교회성장학교

1	교회의 본질	일곱
2	교회성장의 중요성	열셋
3	영적으로 성장하는 삶	열아홉
4	영적권위를 인정하는 삶	스물다섯
5	교회를 위해 기도하는 삶	서른하나
6	주님을 위해 봉사하는 삶	서른일곱
7	균형있는 삶	마흔셋
8	주님께 드리는 삶	마흔아홉
9	새신자를 양육하는 삶	쉰다섯
10	축복하고 칭찬하는 삶	예순하나
11	코이노니아를 이루는 삶	예순일곱
12	신앙을 생활화하는 삶	일흔셋

교회성장 학교 개요

● 주제성구 ●

"또 내가 네게 이르노니 너는 베드로라 내가 이 반석 위에 내 교회를 세우리니 음부의 권세가 이기지 못하리라"(마 16:18).

목 적
- 성도들에게 교회성장형 마인드를 불어넣는다
- 평신도들을 교회의 제직으로 훈련시킨다
- 평신도 지도자들에게 교회가 무엇인지 가르친다

중요성
- 교회가 성장하는 것은 하나님의 뜻이다
- 교회성장형 마인드를 갖출 때 더욱 헌신할 수 있다
- 평신도들을 제직으로 훈련하면 목회가 튼튼해진다

기대효과
- 평신도 지도자들을 목회의 동역자로 세울 수 있다
- 교회성장의 분위기를 조성할 수 있다
- 성도들을 동기부여하여 교회성장을 돕는다

추천도서
- 『이것이 교회다』, 찰스 콜슨, 홍성사, 1997
- 『당신의 교회를 진단하라』, 명성훈, 교회성장연구소, 1996
- 『현대교회와 봉사생활』, 손봉호 편, 엠마오, 1991
- 『소그룹 운동과 교회성장』, 론 니콜라스 외, IVP, 1993
- 『현실세계, 믿음, 진정한 그리스도인』, 고든 맥도날드, 하늘사다리, 1998

✚ 교회는 그리스도의 몸입니다

제1강
교회의 본질

>>> 들어가면서

C. S. 루이스가 쓴 「악마들의 편지; The Screwtape Letters」에 보면 고참 악마가 신참 악마에게 어떻게 인간을 유혹해서 함정에 빠뜨릴 것인가를 가르치는 대목이 나오는데 다음과 같은 대화가 등장합니다.

"현재 우리의 가장 큰 협력자 중의 하나는 교회라네.
내 말을 오해하지는 말게.
내가 말하는 교회는 시간과 장소를 가리지 않고 뻗어나가며
영원에 뿌리는 내리고 있는 교회,
깃발을 휘날리는 군대처럼 무서운 그런 교회가 아니니까.
자네한테 고백하는데,
그런 광경은 우리의 가장 용감한 유혹자들까지도 불안하게 만들지.
하지만 다행스럽게도 인간들은 그런 광경을 자주 보지 못한다네."

▷ C. S. 루이스가 우리에게 말하고자 한 바는 무엇입니까? 서로 나누어 보십시오.

교회의 본질

여러분은 여러분의 교회를 어떻게 평가하고 계십니까?

전혀 아니다 ◁◁ ▷▷ 매우 그렇다

1. 우리의 교회는 단순한 건물이 아니라 하나님께서 부르신 사람들을 중심으로 모인 거룩한 공동체이다.　　1 2 3 4 5

2. 우리 교회의 머리는 예수 그리스도라고 확신한다.　　1 2 3 4 5

3. 우리 교회는 이 세상에 속하기 이전에 하나님께 속해 있다.　　1 2 3 4 5

4. 세상의 어떤 방해에도 불구하고 우리 교회는 승리하리라고 확신한다.　　1 2 3 4 5

5. 우리 교회를 진리로 이끄시는 분이 성령이심을 확신한다.　　1 2 3 4 5

6. 우리 교회는 진정한 성도의 교제를 나누고자 힘쓰는 편이다.　　1 2 3 4 5

7. 우리 교회는 세상 가운데서 그리스도를 전하는 일에 세움을 받았기 때문에 전도하고 선교하는 데 최선을 다해야 한다고 믿는다.　　1 2 3 4 5

8. 우리 교회가 건강하게 성장하려면 모든 성도의 중보기도가 필수적이라는 것을 공감하고 있다.　　1 2 3 4 5

9. 우리 교회의 발전과 성장을 위해 성도 개개인의 은사를 개발하고 적절히 사용하고 있다고 판단한다.　　1 2 3 4 5

10. 나는 성경에 나타난 교회에 대한 비유와 상징을 5가지 이상 알고 있다.　　1 2 3 4 5

평가해 보십시오.

각 문항마다 체크한 점수를 합산하십시오.　　나의 점수 (　　　)점

성경과의 만남

마태복음 16장 13절에서 19절까지 읽어보십시오.

¹³예수께서 가이사랴 빌립보 지방에 이르러 제자들에게 물어 가라사대 사람들이 인자를 누구라 하느냐 ¹⁴가로되 더러는 침례 요한, 더러는 엘리야, 어떤 이는 예레미야나 선지자 중의 하나라 하나이다 ¹⁵가라사대 너희는 나를 누구라 하느냐 ¹⁶시몬 베드로가 대답하여 가로되 주는 그리스도시요 살아계신 하나님의 아들이시니이다 ¹⁷예수께서 대답하여 가라사대 바요나 시몬아 네가 복이 있도다 이를 네게 알게 한 이는 혈육이 아니요 하늘에 계신 내 아버지시니라 ¹⁸또 내가 네게 이르노니 너는 베드로라 내가 이 반석 위에 내 교회를 세우리니 음부의 권세가 이기지 못하리라 ¹⁹내가 천국 열쇠를 네게 주리니 네가 땅에서 무엇이든지 매면 하늘에서도 매일 것이요 네가 땅에서 무엇이든지 풀면 하늘에서도 풀리리라 하시고

1. 예수님께서 가이사랴 빌립보 지방에서 "인자를 누구라 하느냐?"고 물어보셨을 때(13절) 그 대답은 각각 어떠했습니까?

   ① 사람들 (14절) :

   ② 시몬 베드로 (16절) :

   베드로에게 이 사실을 알게 하신 분은 누구입니까? (17절)

2. 18절에 보면 예수님께서는 "내 교회"라는 표현을 쓰셨습니다. 예수님께서 이 표현을 쓰신 이유가 무엇이라고 생각하십니까? (고전 1:2; 갈 1:22 참조)

   교회의 창설자 :

3. 하나님께서 세우신 교회에는 세상을 이기는 영적인 권세가 있습니다. 어느 구절을 통해 이 사실을 발견할 수 있습니까? (18절; 엡 6:12 참조)

4. 예수님께서 베드로에게 "천국 열쇠"를 주시겠다고 하셨는데(19절) 이는 교회가 무엇의 통로가 된다는 것을 뜻합니까? (요 3:17 참조)

   _____ 의 통로

교회의 본질에 대한 연구

1. 교회란 무엇인가?

그리스도인에게 교회란 생명과 같습니다. 그러므로 신앙생활은 예수 그리스도의 십자가 은총으로 설립되고 그리스도를 따르는 자들의 피 값으로 전파된 교회가 무엇인지 확실하게 아는 것에서부터 출발합니다. 많은 사람들이 교회를 인간적인 조직체로만 알고 있습니다. 사람들이 세운 건물이나 모임 혹은 종교 집합체로 이해하고 있습니다. 심지어 소규모 상점처럼 사업적으로 세우고 운영하다가 문을 닫을 수도 있는 인간적인 기관으로 생각합니다. 그러나 교회는 하나님의 기관입니다. 하나님이 직접 창조하신 신적 기관이요, 하나님의 은혜를 받는 통로입니다. 하나님의 은혜에는 두 가지가 있습니다.

1) 일반은혜

일반은혜는 육체적인 생명을 위해 하나님께서 공급하시는 자원으로서, 생명과 물과 공기와 음식 등을 말합니다. 일반은혜는 교회 밖의 세상에서도 얻을 수 있습니다.

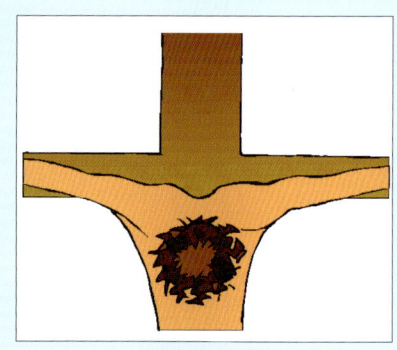

2) 특별은혜

특별은혜는 영적 생명을 위한 것으로서 죄사함과 구원의 은혜를 말합니다. 특별은혜는 교회를 통해서만 얻을 수 있습니다. 교회를 통하지 않고서는 구원을 받을 수 없다는 뜻입니다. 그런 의미에서 교회는 하나님의 나라를 전달하는 수단이요 천국의 그림자입니다. 천국은 아니지만 천국의 속성을 체험할 수 있는 곳이며, 그리스도의 몸인 교회 공동체의 지체가 되었다는 것은 천국 백성이 되었다는 것을 의미하는 것입니다.

2. 교회의 일곱 가지 상징

성경은 예수 그리스도의 교회를 여러 가지 상징으로 설명하고 있습니다. 그 가운데 대표적인 것들을 소개하면 다음과 같습니다.

1) _____ (New Humanity, 엡 4:24-25)

구원받은 그리스도인은 하나님을 따라 의와 진리의 거룩함으로 지으심을 받은 새사람으로서 서로 지체가 됩니다.

2) _____의 몸 (Body of Christ, 엡 1:23)
교회는 그리스도의 몸이요, 그리스도는 교회의 머리가 되십니다. 에베소서는 교회가 그리스도의 몸임을, 골로새서는 그리스도가 교회의 머리되심을 말해주고 있습니다.

3) 하나님의 _____ 혹은 하나님의 _____ (Temple of God, 엡 2:20)
우리 몸은 성령이 거하시는 성전입니다(고전 3:16). 그러므로 그리스도인 개인이나 그리스도인들이 모인 공동체는 모두 하나님이 임재하시고 거하시는 성전이 됩니다.

4) _____같은 제사장 (Royal Priesthood, 벧전 2:9)
왕같은 제사장이란 말에는 두 가지 영적 의미가 있습니다. 하나는 하나님께 제사를 드리고 향을 피우는 기도요, 다른 하나는 다른 사람을 하나님께 데리고 가는 전도와 선교입니다. 기도하며 전도와 선교에 앞장서는 교회는 성장합니다.

5) 그리스도의 _____ (Bride of Christ, 고후 11:2)
교회는 그리스도를 맞이하는 정결한 처녀입니다. 영원한 하늘나라에 들어가기 위해 이 세상에서 자신을 준비하는 그리스도의 신부입니다.

6) 하나님의 _____ (Family of God, 엡 2:19)
믿는 우리는 하나님의 가족입니다. 교회는 신앙공동체임과 동시에 운명공동체, 사랑공동체인 것입니다.

7) 하나님의 _____ 혹은 하나님의 _____ (God's Flocks, 요 10:27-28; 벧전 5:3)
양무리라는 말에는 순종과 양육이라는 영적 의미가 담겨져 있습니다. 성도는 목회자의 영적 권위에 순종하면서 영적 성장을 최대의 목표로 삼는 것이 중요합니다.

3. 교회의 3대 기능

모든 교회는 다음의 세 가지 기능이 조화를 이룰 때 건강하게 성장합니다.

1) 케리그마(kerygma) … 말씀의 가르침과 복음전도 (행 5:42)
2) 코이노니아(koinonia) … 성도의 나눔과 교제 (행 2:42)
3) 디아코니아(diakonia) … 섬김과 봉사의 행위 (벧전 4:10)

적용과 실천

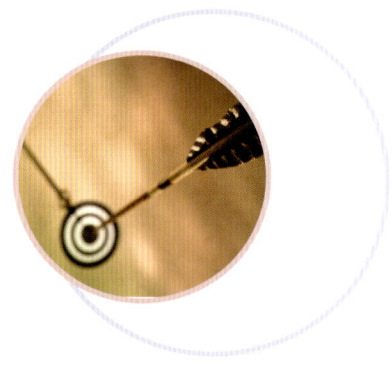

실천합시다

1. 오늘 새롭게 배우고 깨닫게 된 부분이 무엇입니까? 옆 사람과 진지하게 나누고 그것을 자신의 삶에 적용할 수 있도록 기도하십시오. (2분)

2. 교회의 일곱 가지 상징 중에서 가장 자신의 마음에 와 닿는 것은 무엇입니까? 각자 기록한 후 우리 교회가 이러한 모습이 되도록 함께 손을 잡고 기도하십시오. (3분)

3. 교회의 3대 기능 중에서 여러분의 교회가 좀더 발전시켜야 할 부분은 무엇이라고 생각하십니까? 교회의 성장과 발전을 위해 각자의 의견을 발표해 보십시오.

추천 도서

찰스 콜슨, 「이것이 교회다」, 홍성사, 1997.

교회성장의 Key

'코람 데오(Coram Deo)' 란 말은 종교개혁자들의 공통된 표어였습니다. "하나님 목전(目前)에서" 라는 의미이며 이것은 초대 교회에서 찾아볼 수 있었던 경외심을 나타냅니다. 오늘날의 교회에 가장 필요한 것은 바로 하나님을 향한 거룩한 두려움입니다. 거룩한 두려움으로 가득 찼던 초대교회는 세상을 바꾸었고, 종교개혁자들은 당시의 교회와 문화를 변화시켰습니다. 지금도 지구촌 곳곳에서 박해받는 교회들이 성장할 수 있는 이유는 사람보다 하나님을 두려워하는 '코람 데오'의 정신이 살아있기 때문입니다.

✚ 교회성장은 하나님의 뜻입니다

제2강

교회성장의 중요성

>>> 들어가면서

통계청은 지난 95년 11월에 전국적으로 인구주택총조사를 실시하였고, 최종집계결과를 97년 2월말에 발표하였습니다. 그 결과에 의하면 95년 11월 현재 한국의 기독교인 비율은 전체인구 대비 19.7%로 나타났습니다. 절대수 기준으로 전체 총인구 4,455만 명중 876만 명이 기독교인입니다. 85년에 조사에는 기독교인수가 649만 명이었으므로 전체 교인 수는 227만 명이 증가한 것이며, 기독교인수 변화추이로 볼 때 전체인구대비 기독교인 비율은 지난 10년간 3.6% 증가한 셈입니다.

타종교와 비교해보면 95년 기준으로 불교인구 비율이 23.2%로 1,032만 명, 종교를 가지지 않은 인구가 49.3%에 2,195만 명입니다. 이와 같이 무종교인이 전체의 반을 차지하고 종교인구로는 불교인이 제일 많습니다. 지역별로 볼 때 기독교 복음화비율이 제일 높은 지역은 전북지역(26.4%)이고, 그 다음이 서울(26.2%), 인천(25.8%)의 순입니다. 반면 복음화율이 낮은 지역을 보면 제주도가 8.4%로 제일 낮으며, 그 다음이 경남(9.1%), 부산(11.1%)의 순입니다. 제주도와 경상남도의 경우 지역주민 10명 가운데 예수믿는 사람이 1명도 못된다는 결과입니다.

▷ 위의 통계를 볼 때 우리 나라 기독교인의 비율이 19.7%에 불과합니다. 민족복음화를 위해 한국교회와 그리스도인이 해야 할 일이 무엇인지 나누어 보십시오.

교회성장의 중요성

자신이 교회성장형 일꾼(제직)인지 스스로 체크해 보십시오.

전혀 아니다 ◁-▷ 매우 그렇다

1. "교회란 무엇입니까?"에 대한 질문에 자신있게 대답할 수 있다.   1 2 3 4 5

2. 교회가 성장하는 것은 성경에 나타난 하나님의 뜻이라고 확신한다.   1 2 3 4 5

3. 담임목사, 혹은 양육자(구역 인도자)의 영적권위를 인정하고 순종하는 편이다.   1 2 3 4 5

4. 교회와 목회자를 위해서 정기적으로 기도하고 있다.   1 2 3 4 5

5. 주일예배뿐만 아니라 교회의 각종 예배와 모임에 가능하면 참석하려고 노력한다.   1 2 3 4 5

6. 십일조 및 헌금을 드리는 것을 기쁨으로 생각한다.   1 2 3 4 5

7. 불신가족, 친구와 직장동료, 만나는 사람들에게 복음을 전하고 있다.   1 2 3 4 5

8. 언제 어디에서나 우리 교회의 교인임을 자랑스럽게 여긴다.   1 2 3 4 5

9. 자신이 받은 은사에 따라 교회에서 한 가지 이상 봉사활동을 하고 있다.   1 2 3 4 5

10. 매일 말씀 읽는 것과 기도 드리는 것을 생활화하고 있다.   1 2 3 4 5

평가해 보십시오.

▷ 각 문항마다 체크한 점수를 합산하십시오.   나의 점수 (   )점

성경과의 만남

사도행전 2장 38절에서 47절까지 읽어보십시오.

³⁸베드로가 가로되 너희가 회개하여 각각 예수 그리스도의 이름으로 세례를 받고 죄 사함을 얻으라 그리하면 성령을 선물로 받으리니 ³⁹이 약속은 너희와 너희 자녀와 모든 먼 데 사람 곧 주 우리 하나님이 얼마든지 부르시는 자들에게 하신 것이라 하고 ⁴⁰또 여러 말로 확증하며 권하여 가로되 너희가 이 패역한 세대에서 구원을 받으라 하니 ⁴¹그 말을 받는 사람들은 세례를 받으매 이 날에 제자의 수가 삼천이나 더하더라 ⁴²저희가 사도의 가르침을 받아 서로 교제하며 떡을 떼며 기도하기를 전혀 힘쓰니라 ⁴³사람마다 두려워하는데 사도들로 인하여 기사와 표적이 많이 나타나니 ⁴⁴믿는 사람이 다 함께 있어 모든 물건을 서로 통용하고 ⁴⁵또 재산과 소유를 팔아 각 사람의 필요를 따라 나눠 주고 ⁴⁶날마다 마음을 같이 하여 성전에 모이기를 힘쓰고 집에서 떡을 떼며 기쁨과 순전한 마음으로 음식을 먹고 ⁴⁷하나님을 찬미하며 또 온 백성에게 칭송을 받으니 주께서 구원 받는 사람을 날마다 더하게 하시니라

1. 본문은 초대교회성장을 보여주는 대표적인 구절로서, 베드로의 설교를 들은 사람 중에 세례를 받고 주님의 제자가 된 사람이 하루에 삼천 명이었다고 기록하고 있습니다. 베드로가 그들에게 선포한 메시지는 무엇입니까? (38-40절)

   ① _____의 메시지 (38절)
   ② _____의 메시지 (40절)

2. 42-47절에 보면 초대교회에 있었던 다양한 특징들이 등장합니다. 현대적인 표현으로 간단히 정리해 보십시오.

   42절 :
   43절 :
   44절 :
   45절 :
   46절 :
   47절 :

3. 이러한 특징들은 결국 어떠한 결과로 나타났습니까? (47절)

   또 그 주체는 누구입니까? (고전 3:5-6 참조)

2강 교회성장의 중요성

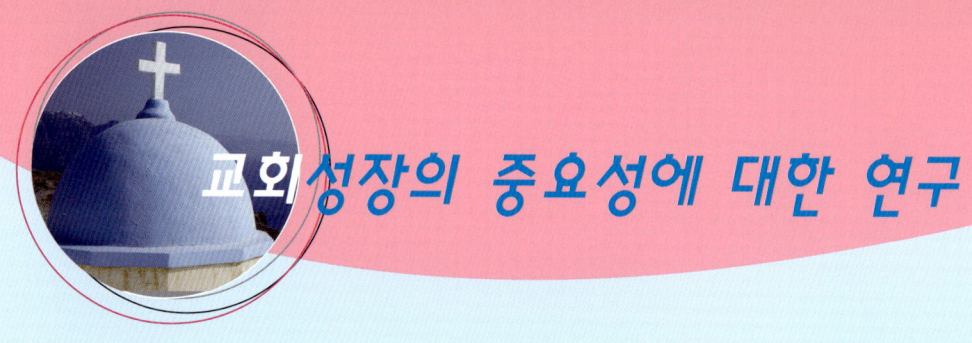

교회성장의 중요성에 대한 연구

1. 교회성장에 대한 이해

1) 교회성장은 과연 성서적인가?

예수님은 제자들에게 "나의 교회를 세우리라"(마 16:18)고 말씀하셨습니다. 즉 사람의 교회가 아니라 하나님의 교회입니다. 하나님의 교회이므로 하나님의 뜻이 가장 중요합니다. 그런데 하나님의 뜻은 바로 교회가 성장하는 것입니다(고전 3:5-7). 하나님은 잃어버린 자를 찾으시는 분이십니다(창 3:9; 눅 19:10). 그러므로 교회는 이러한 하나님의 뜻을 따라 성장을 소원해야 하고 또 마땅히 성장해야 합니다. 교회성장은 지극히 성서적입니다.

2) 교회성장이란 무엇인가?

교회성장을 정의하면 "예수 그리스도와 아무런 관계를 가지고 있지 않은 사람들에게 그리스도와의 교제를 가지도록 해주며 책임있는 교회의 성도(a responsible member of the church)로 만들어 주는데 관련된 모든 성경적 개념"이라고 할 수 있습니다.

2. 교회성장의 영역 (사도행전 2장)

1) 제 1영역 : 영적 성장 (42절)

* 예배와 말씀, 성찬과 애찬 등의 영적인 일에 관심을 가져야 합니다.
* 하나님을 향한 성장 (growing up)

2) 제 2영역 : 내적 성장(44절)

* 교회는 서로 일치가 되어 사랑의 공동체가 될 때 성장합니다.
* 신자들과 함께하는 성장 (growing together)

3) 제 3영역 : 외적 성장 (47절)

* 신자만을 위한 교회가 아니라 불신자들을 위한 교회가 되어야 합니다.
* 지역사회의 필요를 채워주는 사회의 빛과 소금이 되고 서비스 센터가 되는 성장 (growing out in service)

4) 제 4영역 : 양적 성장(47절)

* 인간의 영혼을 채우시는 이는 결국 하나님이십니다.
* 주께서 날마다 구원받을 사람을 더하시는 수적 성장 (growing more in numbers)

3. 건강한 교회의 7대 표적

성경은 교회를 그리스도의 몸으로, 성도를 그 몸의 지체로 정의하고 있습니다(롬 12:4-5; 고전 12:12-13). 생명은 건강해야 합니다. 건강의 상징은 성장이지만 질병의 상징은 정체입니다. 건강한 교회에는 역동적 표적(vital signs)이 나타납니다.

1) 강력한 _____이 있습니다 (살전 5:12; 히 11:1-3)
   교회성장형 목회자는 믿음의 은사와 리더십의 은사를 가진 자입니다.

2) 열정적인 _____가 있습니다 (롬 12:11)
   성령으로 동기가 부여되고 은사로 봉사하며 목회자의 인도에 절대적으로 순종하는 성도가 많아야 교회가 성장할 수 있습니다.

3) _____이 부족하지 않습니다 (사 54:2)
   현대인들은 온전한 서비스(full service)에 익숙해 있기 때문에 자신들이 사는 생활환경보다 열악한 교회에는 호감과 애정을 보이지 않습니다.

4) _____이 체계적입니다 (요 4:24; 출 18:21-22; 행 2:42-47)
   대예배조직(celebration), 회중조직(congregation), 세포조직(cell)의 세 가지 조직과 다양한 프로그램이 활성화되어 사람들에게 기쁨과 의미와 사랑을 전달합니다.

5) _____을 느끼는 분위기가 있습니다 (롬 15:5-6)
   교회성장을 위해서는 교회 내에 같은 생각과 문화를 가진 동질구성단위(homogeneous unit)가 구성되어야 유리합니다.

6) _____이 효과적입니다 (행 5:42; 골 4:3)
   제자훈련이나 예배가 역동적이고 사람들을 키우고 훈련하는 방법이 효과적입니다.

7) 확실한 _____이 있습니다 (빌 3:13-14)
   영혼구원을 최우선으로 삼고, 전도와 선교야말로 교회가 존재하는 근본 이유라고 믿는 목회철학이 분명합니다. 교회성장이란 결국 영혼구원입니다.

적용과 실천

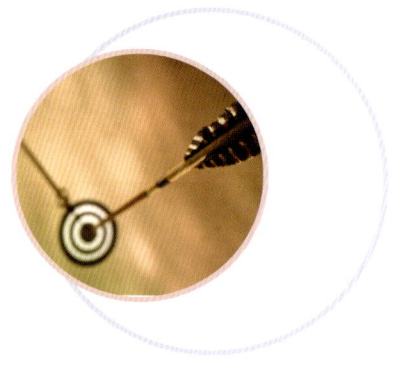

실천합시다

1. 오늘 새롭게 배우고 깨달은 교훈이 무엇입니까? 옆 사람과 진지하게 나누고 그것을 자신의 삶에 적용할 수 있도록 기도하십시오. (2분)

2. 교회성장에 앞장서야 일꾼(제직)으로서 스스로 부족한 점, 훈련받아야 할 점을 기록하고 옆 사람과 나누어 보십시오.

3. 성서적인 교회성장의 원리, 특히 사도행전 2장에 나오는 교회성장의 영역에 비추어 볼 때 여러분 교회의 장점은 무엇입니까?

4. '건강한 교회의 7대 표적' 중에서 여러분의 교회에 해당되는 항목과 부족한 부분이 무엇인지 발표해 보십시오. 그리고 이를 위해 합심하여 기도하십시오. (2분)

추천 도서   명성훈, 「당신의 교회를 진단하라」, 교회성장연구소, 1996.

교회성장의 Key

교회성장공리(Axioms for Church Growth)

교회성장공리란 교회를 성장시키기 위해서 필요한 네 가지의 보편적 조건을 의미합니다. 교회성장공리는 모든 교회가 명심해야 할 중요한 명제입니다.

교회가 성장하기 위해서는
첫째, 담임목회자가 교회성장을 간절히 소원해야 하고 기꺼이 그 대가를 지불하려고 해야 합니다.
둘째, 교인들도 교회성장을 소원해야 하고 그 소원을 이루기 위해 헌신해야 합니다.
셋째, 복음전도의 목표가 제자를 만드는 것임을 온 교회가 동의해야 합니다.
넷째, 교회에 치명적인(terminal) 질병이 없어야 합니다.

✚ 영적인 일을 최우선으로 삼으십시오

제3강
영적으로 성장하는 삶

>>> 들어가면서

미국의 헨리 포드가 자동차의 왕이 될 수 있었던 것은 소년시절의 강력한 소원이 있었기 때문입니다. 어렸을 적 어머니의 병세가 위독하게 되어 급히 말을 달려 의사를 모시러 가게 되었습니다. 그런데 급한 마음에 비해 말이 달리는 속도가 너무 느렸고 결국 의사를 데리고 집에 도착했을 때는 이미 어머니가 세상을 떠난 뒤였습니다.

슬픔에 잠긴 소년은 급한 일이 생겼을 때 필요한, 말보다 빠른 기구를 만들겠다고 결심을 했습니다. 그 소원을 가지고 평생을 바친 결과 포드 자동차를 만들게 되었고 그 결과 세계적인 재벌이 될 수 있었습니다. 포드가 죽은 후 디트로이트시에 기관을 세웠는데 그 이름이 'The Dreamer', 즉 '꿈꾸는 자', '소원하는 자'였습니다. 이처럼 꿈과 소원을 가지고 열정적으로 사는 사람은 아무리 커다란 어려움이 놓여 있더라도 자신의 목표를 이룰 수 있습니다.

영적 성장도 마찬가지입니다. 하나님 나라를 위해 영적 거인(spiritual giant)이 되고 싶은 거룩한 욕망(holy desire)이 있어야 영적 성장의 열매를 거둘 수 있는 법입니다.

▷ 평소 여러분은 영적인 성장을 위해 어떠한 열정을 보이고 있습니까? 서로 나누어 보십시오.

영적으로 성장하는 삶

영적으로 얼마나 성장하고 있는지 스스로 체크해 보십시오.

전혀 아니다 ←→ 매우 그렇다

1. 영적으로 성장하고 싶은 간절한 열망이 남다르다는 소리를 자주 듣는다.   1 2 3 4 5

2. 교회의 영적 지도자를 통해 정기적으로 제자훈련을 받고 있다.   1 2 3 4 5

3. 올해 영적 성장의 목표를 분명하게, 구체적으로 설정해 놓은 상태이다.   1 2 3 4 5

4. 상상력을 동원하여 자신의 모습을 성공자, 승리자의 자화상으로 그리고 있다.   1 2 3 4 5

5. 영적성장의 방해물인 죄에 빠지면 즉각적으로 회개하는 스타일이다.   1 2 3 4 5

6. 교회를 위한 봉사와 헌신에 시간과 물질과 몸을 드리는데 인색하지 않다.   1 2 3 4 5

7. 성령의 은사와 달란트를 사모하며 이것을 개발하려고 노력한다.   1 2 3 4 5

8. 영적성장을 위해 평소 시간 관리를 효과적으로 하고 있는 편이다.   1 2 3 4 5

9. 하나님과의 관계 뿐만 아니라 사람들과도 화목하게 지내는 편이다.   1 2 3 4 5

10. 영적인 일에만 너무 치중하지 않으며 모든 분야의 성장을 도모하고 있다.   1 2 3 4 5

평가해 보십시오.

각 문항마다 체크한 점수를 합산하십시오.   나의 점수 (   )점

성경과의 만남

에베소서 4장 13절에서 16절까지 읽어보십시오.

¹³우리가 다 하나님의 아들을 믿는 것과 아는 일에 하나가 되어 온전한 사람을 이루어 그리스도의 장성한 분량이 충만한 데까지 이르리니 ¹⁴이는 우리가 이제부터 어린 아이가 되지 아니하여 사람의 궤술과 간사한 유혹에 빠져 모든 교훈의 풍조에 밀려 요동치 않게 하려 함이라 ¹⁵오직 사랑 안에서 참된 것을 하여 범사에 그에게까지 자랄지라 그는 머리니 곧 그리스도라 ¹⁶그에게서 온 몸이 각 마디를 통하여 도움을 입음으로 연락하고 상합하여 각 지체의 분량대로 역사하여 그 몸을 자라게 하며 사랑 안에서 스스로 세우느니라

1. 본문에서 사도 바울은 에베소 교인들에게 영적성장에 필요한 교훈들을 말씀하고 있습니다. 그는 영적성장의 최후 도달점을 무엇으로 보았습니까? (13절)

2. 14절에서 묘사하고 있는 "어린 아이"의 특징은 무엇입니까?

3. 교회의 머리가 되시는 예수 그리스도에게까지 자라기 위해서는 두 가지 핵심적인 덕목을 늘 마음에 새겨야 합니다. 그것은 무엇입니까? (15절 전반부)

    ① _____
    ② _____

4. 16절 말씀을 알기 쉽게 자신의 말로 풀어 써보십시오.

5. 16절의 풀어쓴 말을 요약한 후 발표해 보십시오.

3강 영적으로 성장하는 삶

영적성장에 대한 연구

1. 영적성장의 정의

영적성장(Spiritual Growth)이란 한 마디로 "예수님을 닮아가는 것"입니다. 에베소서 4장 15절 말씀처럼 "범사에 그에게까지, 즉 예수님에게까지 자라가는 것"이 바로 영적성장입니다. 성장이란 예수 안에서 ① 변화되고 ② 개발되어 ③ 완성의 단계에 이르는 것입니다. 그것은 칭의(justification), 성화(sanctification), 영화(glorification)의 과정을 뜻합니다. 교회성장형 성도는 의롭다 칭함을 받은 것으로 만족하지 않고 예수님처럼 거룩하게 살고 일하다가 영화로운 몸으로 완성되는 것을 목표로 합니다.

2. 영적성장의 중요성

1) 영적성장은 하나님의 뜻입니다

생명을 주신 하나님은 그 생명이 자라기를 원하십니다. 우리의 영적 생명이 자라기 원하시고, 우리의 가정과 교회가 자라기를 원하십니다. 자기 성장, 가정 성장, 교회 성장을 통하여 천국 성장이 이루어지기를 원하십니다.

2) 성장은 우리를 행복하게 합니다

인간은 동물과 달리 배우는 기쁨을 누리는 존재입니다. 똑같은 삶을 반복하는 것보다는 갈수록 나아지는 삶을 추구합니다. 옛날보다 더 잘 살게 되어야 행복하지, 옛날보다 못살게 되었는데 행복할 리가 없습니다. 물론 행복이란 물질의 넉넉함에만 있지 않습니다. 여기서 더 나아진다는 것은 물질적인 것 뿐만 아니라 정신적인, 영적인 세계를 포함하는 성장을 말합니다.

3) 성장은 다른 사람을 돕는 길입니다

어린 아기가 일할 수 없는 것처럼 영적으로도 성장해야 다른 사람을 도울 수 있습니다. 많은 성도들이 교회에서 봉사하다가 시험드는 이유는 영적 성장을 무시한 채 일꾼이 되기 때문입니다. 성장과 훈련이 없는 봉사와 헌신은 남을 돕기보다 오히려 남을 불행하게 할 뿐입니다.

3. 영적성장을 위한 10계명

1) 영적인 것을 사모하라 (빌 2:13)

영적으로 성장하여 예수님을 닮고자 하는 거룩한 열망이 있어야 합니다.

2) 열린 마음이 되라 (고후 6:11-13)
마음의 넓이만큼 성장의 분량이 결정됩니다. 끝없이 배우려는 자세를 가져야 영적성장이 이루어집니다.

3) 목표를 분명히 하라 (빌 3:13-14)
영적으로 성장하기 원하면 분명한 신앙의 목표를 정하십시오. 구체적으로 말씀 목표, 기도 목표, 전도 목표, 봉사 목표 등을 정하십시오.

4) 속사람을 강화하라 (엡 3:16)
구원받은 자신의 자화상을 늘 바라보며 성령의 능력으로 속사람이 강화되도록 믿음의 고백과 다짐을 하십시오.

5) 죄는 즉각 회개하라 (요일 1:9)
죄에서 자신을 깨끗하게 하지 않고 거룩한 성장을 기대하는 것은 불가능합니다.

6) 헌신하라 (고전 4:2; 출 32:29)
헌신은 성장의 척도입니다. 그리스도께 대한 헌신, 교회에 대한 헌신, 세상을 향한 주의 일에 대한 헌신을 점검하십시오.

7) 은사와 달란트를 개발하라 (딤전 4:14-15)
은사와 달란트는 영적성장과 사역을 위한 실질적인 능력이 됩니다.

8) 시간을 효과적으로 관리하라 (엡 5:16)
어떠한 분야든 시간관리에 성공해야 성공자가 될 수 있습니다. 영적성장을 위한 신앙생활도 마찬가지입니다. 주어진 시간에 최선을 다하십시오.

9) 인간관계에 화목하라 (요일 4:12)
인간관계에 실패한 사람은 영적성장에 있어서 불행한 사람입니다. 이웃을 용서하며, 그들의 장점을 칭찬하고, 서로 중보기도하는 관계를 유지하십시오.

10) 치우치지 말고 균형을 유지하라 (고전 14:40)
그리스도의 구원이 전인적 구원이듯 영적성장은 총체적 성장이 되어야 합니다.

적용과 실천

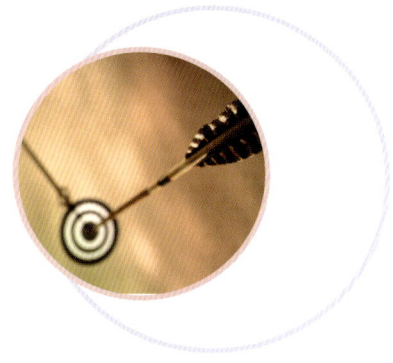

실천합시다

1. 오늘 새롭게 배우고 깨닫게 된 부분이 무엇입니까? 옆 사람과 진지하게 나누고 그것을 자신의 삶에 적용할 수 있도록 기도하십시오. (2분)

2. 영적으로 성장하기 위한 10계명을 간단히 기록해 보십시오.

   1) **영적인** 것을 **사모** 하라
   2) **열린 마음** 이 되라
   3) **목표** 를 분명히 하라
   4) **속사람** 을 강화하라
   5) 죄는 즉각 **회개** 하라
   6) **헌신** 하라
   7) **은사** 와 달란트를 개발하라
   8) **시간** 을 효과적으로 관리하라
   9) **인간관계** 에 화목하라
   10) 치우치지 말고 **균형** 을 유지하라

3. 이 가운데 특별히 마음에 와닿는 항목들을 기록하고 이를 위해 기도하십시오. (2분)

추천 도서

명성훈, 「영적성장 십계명」, 교회성장연구소, 1997.

교회성장의 Key

교회성장과 영적성장의 Key – GROWTH

G............ GOODNESS, 좋은 것
R............ REVIVAL, 부흥과 갱신
O............ OBEDIENCE, 순종
W........... WORD, 성경말씀
T............ THANKSGIVING, 감사
H............ HUMILITY, 겸손

✚ 목사님의 권위를 인정하십시오

제4강 영적권위를 인정하는 삶

>>> 들어가면서

바울은 무엇에나 거칠 것이 없는 사람이었습니다. 그는 유대 나라를 지배하고 있던 로마의 시민권을 소유하고 있었습니다. 당시 최고의 학자였던 가말리엘의 문하에서 공부하던 사람이었습니다. 대제사장의 위임을 받고서 예수 믿는 사람을 잡아 감옥에 넣을 정도로 종교적인 지도권을 가진 자였습니다. 자신이 옳다고 생각하면 다른 사람을 처형시키는 일에도 동의하는 사람이었습니다. 그는 자신이 판단한 것을 확신했으며 당당했습니다. 그러던 그가 빛 가운데서 예수 그리스도를 만났습니다. 그 빛으로 인해 눈이 멀었습니다. 거칠 것이 없이 당당했던 그도 다른 사람의 손을 의지해 더듬더듬 다메섹으로 들어가는 처지가 되었습니다. 어둠 속에서 아무 것도 먹지 못한 채 3일을 지냈습니다. 예수 믿는 사람을 잡으러 가다가 예수를 만난 것입니다.

다메섹에는 주님을 잘 섬김으로 존경을 받는 아나니아라는 사람이 있었습니다. 그가 무엇을 하던 사람이었는지, 무슨 지위나 명예를 가지고 있었는지에 대해서 성경은 아무런 기록도 하고 있지 않습니다. 다만 아나니아는 하나님의 말씀에 순종하여 위험인물로 알려진 바울을 만났습니다. 바울도 아나니아가 누구인지 몰랐습니다. 그저 하나님의 보냄을 받았다는 말 한 마디에 아나니아에게 자신의 눈을 내밀었습니다. 아나니아의 안수를 받은 바울의 눈은 다시 빛을 볼 수 있게 되었습니다.

▷ 바울과 아나니아의 이야기를 통해 무엇을 느꼈습니까? 서로 나누어 보십시오.

영적권위를 인정하는 삶

여러분은 영적인 권위를 얼마나 인정하고 계십니까?

전혀 아니다 ⟷ 매우 그렇다

1. '영적권위에 순종하라' 는 말은 성경적이다.   1 2 3 4 5

2. 하나님의 뜻대로 부름받은 목회자의 권위는 하나님께서 부여하신 것이다.   1 2 3 4 5

3. 우리 교회에서 목사님과 제직은 직분(역할)이 다를 뿐 주종관계가 아니다.   1 2 3 4 5

4. 하나님의 말씀에서 벗어나지 않는 한 목사님의 뜻에 순종하고 있다.   1 2 3 4 5

5. 영적인 권위에 순종하는 것은 교회전체의 유익을 위해서이다.   1 2 3 4 5

6. 우리 교회 목회자와 지도자들은 영적권위를 섬김과 책임감으로 행사한다.   1 2 3 4 5

7. 우리 교회에는 영적권위의 질서가 온전히 확립되어 있는 편이다.   1 2 3 4 5

8. 목회자의 영적인 권위에 순종하여 신앙의 유익을 체험한 적이 있다.   1 2 3 4 5

9. 목회자에게 혹 불만이 생기더라도 불순종하거나 다투지 않는다.   1 2 3 4 5

10. 영적 지도자들에 대해 험담하거나 비판하는 일은 자제하려고 노력한다.   1 2 3 4 5

평가해 보십시오.

각 문항마다 체크한 점수를 합산하십시오.   나의 점수 (   )점

성경과의 만남

민수기 16장 1절에서 10절까지의 말씀을 읽어보십시오.

¹레위의 증손 고핫의 손자 이스할의 아들 고라와 르우벤 자손 엘리압의 아들 다단과 아비람과 벨렛의 아들 온이 당을 짓고 ²이스라엘 자손 총회에 택함을 받은 자 곧 회중에 유명한 어떤 족장 이백 오십인과 함께 일어나서 모세를 거스리니라 ³그들이 모여서 모세와 아론을 거스려 그들에게 이르되 너희가 분수에 지나도다 회중이 다 각각 거룩하고 여호와께서도 그들 중에 계시거늘 너희가 어찌하여 여호와의 총회 위에 스스로 높이느뇨 ⁴모세가 듣고 엎드렸다가 ⁵고라와 그 모든 무리에게 말하여 가로되 아침에 여호와께서 자기에게 속한 자가 누구인지 거룩한 자가 누구인지 보이시고 그 자를 자기에게 가까이 나아오게 하시되 곧 그가 택하신 자를 자기에게 가까이 나아오게 하시리니 ⁶이렇게 하라 너 고라와 너의 모든 무리는 향로를 취하고 ⁷내일 여호와 앞에서 그 향로에 불을 담고 그 위에 향을 두라 그 때에 여호와의 택하신 자는 거룩하게 되리라 레위 자손들아 너희가 너무 분수에 지나치느니라 ⁸모세가 또 고라에게 이르되 너희 레위 자손들아 들으라 ⁹이스라엘의 하나님이 이스라엘 회중에서 너희를 구별하여 자기에게 가까이 하게 하사 여호와의 성막에서 봉사하게 하시며 회중 앞에 서서 그들을 대신하여 섬기게 하심이 너희에게 작은 일이겠느냐 ¹⁰하나님이 너와 네 모든 형제 레위 자손으로 너와 함께 가까이 오게 하신 것이 작은 일이 아니어늘 너희가 오히려 제사장의 직분을 구하느냐

1. 모세를 거스린 고라와 그 일원은 무슨 족속에 속한 자들입니까? (1절)

2. 고라 당이 모세를 거스리면서 내세운 주장은 무엇입니까? (3절)

   이것을 오늘날 상황에서 어떻게 표현할 수 있겠습니까?

3. 모세는 어떠한 사람이 영적권위를 지닌 사람이라고 소개하고 있습니까? (5절)

   ① _____께 속한 자
   ② _____한 자
   ③ 그(하나님)가 _____ 자

4. 본문에는 두 가지 직분이 나타나고 있습니다. 두 가지 직분과 각각의 임무는 무엇입니까? (8-10절, 출 28:1 참조)
   ① 아   론 – 직분: 임무:
   ② 레위 자손 – 직분: 임무:

5. 결국 하나님은 고라 당에 대해 어떠한 심판을 내리셨습니까? (민 16:28-35)

4강 영적권위를 인정하는 삶

영적권위에 대한 연구

1. 영적권위란?

1) 권위(Authority) 의 사전적 의미
"절대적인 것으로서 남을 복종시키는 힘, 또는 어떤 분야에서 능히 남이 신뢰할 만한 뛰어난 지식이나 기술, 실력"

2) 성경에 등장하는 권위(권세): Eksousia(엑수시아)
'엑수시아' 란 말은 하나님께서 예수 그리스도와 그의 자녀들에게 부여하신 영적인 권세를 나타내는 말입니다. 성경에서는 이 말이 죄를 사하는 권세(눅 5:24), 귀신을 제어하는 권세(막 6:7), 하나님의 자녀가 되는 특권(요 1:12), 시민을 통치하는 자들의 권세(벧전 2:13-14), 부부간의 권리나 의무(엡 5:22-28), 사도의 특권(고전 9장), 그리스도의 우주적인 왕권(마 28:18) 등으로 다양하게 사용되고 있습니다.

2. 영적권위의 중요성

성경은 영적권위의 출처가 하나님이시라는 것을 명백히 하고 있습니다(롬 13:1-2). 우리가 접하는 모든 권위(권세)는 하나님으로부터 위임된 것들입니다. 교회 안의 권위 뿐만 아니라 세상의 모든 권위도 하나님께서 위임하신 것입니다. 그러므로 위임된 권위는 위임자의 권위를 대표하며 위임자에 의해 보호됩니다. 이러한 권위는 순종에 의해 세워지며, 그리스도의 몸된 교회에서 가장 충만하게 나타납니다.

영적권위는 사랑과 책임감으로 행사해야 하며, 권위 아래 있는 사람은 그 권위에 순종하고 복종해야 합니다. 다윗은 사울의 불의한 권위마저도 인정했습니다. 그 권위가 하나님께로부터 위임된 것임을 알았기 때문입니다. 영적 세계에서 위임된 권위야말로 얼마나 고귀한 것인지 모릅니다. 위임된 권위를 인정하지 않을 때 결국 자기 영혼에 손상을 입힐 뿐입니다(히 13:17).

3. 영적권위에의 순종

1) 목회자에게 순종해야 하는 이유
① 다른 사람들의 영혼까지 책임지도록 하나님께서 영적권위를 부여하셨기 때문입니다(히 13:17).
② 하나님께서 자신이 부여하신 권위를 존중하시기 때문입니다.
③ 인간의 불완전함을 아시는 하나님께서 그럼에도 불구하고 조금도 주저함없이 목회자에게 권위를 위탁하셨기 때문입니다.

2) 잘못된 권위 아래 있다고 생각될 때
이따금 우리는 권위자의 태도나 행동이 옳지 못한 상황에 접할 때가 있습니다. 그럴 때 다음의 몇 가지 지침을 따르면 도움이 될 것입니다.

① 사실 여부를 확인하십시오.
② 평소 권위자를 비판하는 마음이나 잘못된 감정이 있었는지 점검하십시오. 그렇다면 상황에 대한 객관성을 잃어버릴 수 있기 때문입니다.
③ 권위자를 위해 기도하십시오.
④ 다음 두 가지 중 한 가지를 지혜롭게 선택하십시오.
　첫째, 그의 권위 아래 있으면서 권위자를 위해 기도한 후 그에게 찾아가 당신의 생각을 나누고
　둘째, 정 수용하기 어려우면 신앙의 선배와 의논한 후 그 권위의 영역을 떠나는 것입니다.
⑤ 자신의 비판에 그리스도의 사랑이 있는지를 점검하십시오.

4. 성경에 나타난 여러 가지 권위와 순종의 교훈

	그림자					실제	
권위	정부	고용주	부모	남편	영적스승	그리스도	하나님아버지
순종	국민	고용인	자녀	아내	제자	교회	하나님의 아들
	롬 13:1-6	엡 6:5-8	엡 6:1-3	엡 5:22-24	히 13:17	엡 5:23	요 6:38

적용과 실천

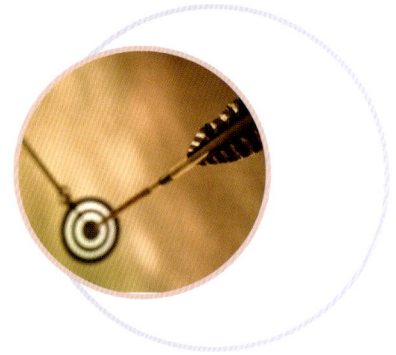

실천합시다

1. 오늘 새롭게 배우고 깨닫게 된 부분이 무엇입니까? 옆 사람과 진지하게 나누고 그것을 자신의 삶에 적용할 수 있도록 기도하십시오. (2분)

2. 권위라는 단어에 대한 거부감이 있었다면 그 원인이 어디에 있는지 기록해 보고 전체적으로 토론해 보십시오.

3. 일주일 동안 (영적)권위에 관련된 말씀들을 묵상하십시오.
    * 월 – 일반적 권위) 롬 13:1-7
    * 화 – 목회자) 고전 16:15-16; 히 13:17
    * 수 – 가정) 엡 5:22-24, 6:1-3; 골 3:18-20; 벧전 3:5-6
    * 목 – 세상) 골 3:22; 딛 2:9-10; 딤전 6:1; 벧전 2:13-14
    * 금 – 권위에의 순종의 예) 삼상 24:4-6; 빌 2:5-11
    * 토 – 권위에의 불순종의 예) 사 14:12-14; 롬 5:19; 민 12

추천 도서

워치만 니, 「영적권위」, 생명의 말씀사, 1994.

교회성장의 Key

우리도 사람을 보지 말고
다만 그 사람 안에 있는 권위만을 보기로 하자.
사람에게는 순종하지 않을지라도
그 사람 속에 있는 하나님의 권위엔 순종하자.
그가 누구인지는 상관할 필요가 없다.
다만 하나님께서 그 사람을 쓰신다는 사실이 중요할 뿐.

✚ 교회와 지도자를 위해서 기도하십시오

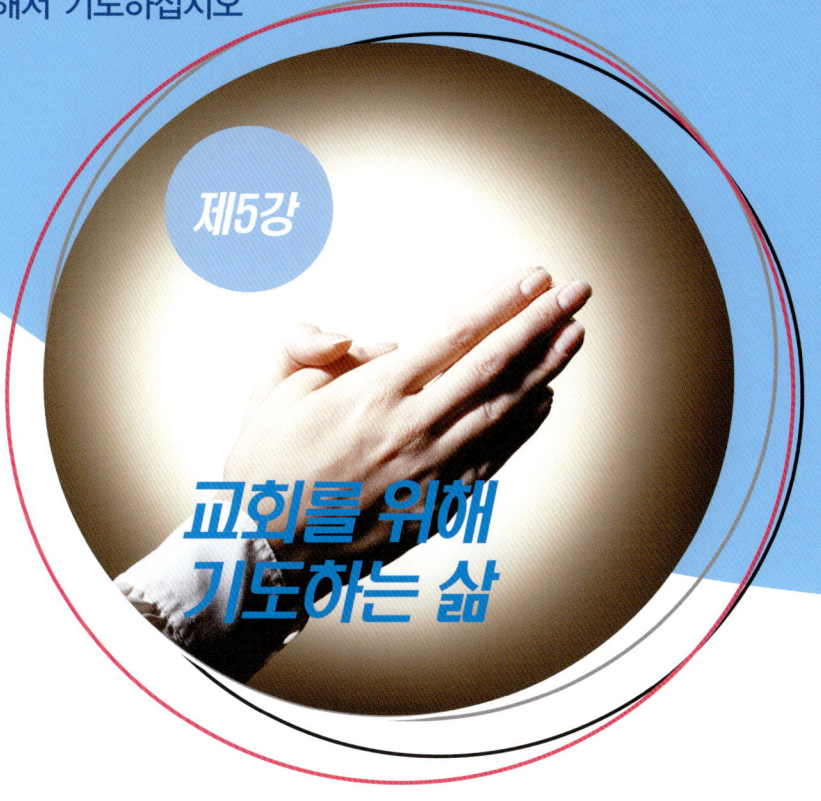

제5강
교회를 위해 기도하는 삶

>>> 들어가면서

1936년 주기철 목사님께서 평양 산정현교회에 청빙을 받으신 후의 일입니다. 당시 평양에서는 기독교인들이 신사참배를 강요받고 있었습니다. 일본은 "신사참배는 종교의식이 아니고 애국적인 경의의 표현이다."라고 주장하며 집요하게 신사참배를 강요했습니다. 이에 대해 주 목사님은 "신사참배는 우상숭배다."라고 힘주어 항변하셨습니다.

며칠 후 일본 순사와 한인 순사가 주 목사님을 연행하여 감옥에 가두었습니다. 교인들은 매일 새벽 다섯 시에 모여서 기도를 드렸습니다. 그런데 교인들은 뜻밖의 기도를 드리는 것이었습니다. 그 내용은 주 목사님이 감옥에서 나오시지 않도록 해달라는 것이었습니다. 목사님이 감옥에서 나온다는 것은 신사참배에 동의했다는 것을 의미하는 것이기 때문입니다.

결국 교인들의 기도는 응답되었습니다. 주기철 목사님은 끝까지 신사참배를 거부한 채 모진 고문을 당하신 후 결국 1944년 4월 21일 옥중 순교를 당하셨습니다.

▷ 위의 이야기를 통해 무엇을 느꼈습니까? 서로 나누어 보십시오.

교회를 위해 기도하는 삶

섬기는 교회와 지도자들을 위한 기도생활을 체크해 보십시오.

전혀 아니다 ↔ 매우 그렇다

1. 나는 매일 시간을 정해놓고 우리 교회를 위해 기도하고 있다. 1 2 3 4 5

2. 우리 교회는 전교인 기도운동을 통해 교회부흥을 경험한 적이 있다. 1 2 3 4 5

3. 우리 교회는 전교인 기도운동을 통해 위기와 갈등을 극복한 적이 있다. 1 2 3 4 5

4. 우리 교회는 다양한 기도모임을 준비하여 평신도들의 참여를 유도하고 있다. 1 2 3 4 5

5. 나는 담임목사님을 위한 기도가 얼마나 중요한지 확실히 깨닫고 있다. 1 2 3 4 5

6. 우리 담임목사님도 중보기도의 필요성을 절감하고 계신다. 1 2 3 4 5

7. 나는 담임목사님의 영성관리와 목회적 필요에 대해 관심을 갖고 있는 편이다. 1 2 3 4 5

8. 교회를 위한 기도에는 교회내 지도자들을 위한 기도도 빠지지 않고 드린다. 1 2 3 4 5

9. 담임목사님과 제직들은 서로를 위해 기도하는 관계로 연합되어 있다. 1 2 3 4 5

10. 교회와 지도자들을 위한 기도를 통해 나의 신앙도 성장함을 느끼고 있다. 1 2 3 4 5

평가해 보십시오.

각 문항마다 체크한 점수를 합산하십시오.   나의 점수 (   )점

성경과의 만남

요한복음 17장 17절에서 23절까지 읽어보십시오.

¹⁷저희를 진리로 거룩하게 하옵소서 아버지의 말씀은 진리니이다 ¹⁸아버지께서 나를 세상에 보내신 것 같이 나도 저희를 세상에 보내었고 ¹⁹또 저희를 위하여 내가 나를 거룩하게 하오니 이는 저희도 진리로 거룩함을 얻게 하려 함이니이다 ²⁰내가 비옵는 것은 이 사람들만 위함이 아니요 또 저희 말을 인하여 나를 믿는 사람들도 위함이니 ²¹아버지께서 내 안에, 내가 아버지 안에 있는 것같이 저희도 다 하나가 되어 우리 안에 있게 하사 세상으로 아버지께서 나를 보내신 것을 믿게 하옵소서 ²²내게 주신 영광을 내가 저희에게 주었사오니 이는 우리가 하나가 된 것 같이 저희도 하나가 되게 하려 함이니이다 ²³곧 내가 저희 안에 아버지께서 내 안에 계셔 저희로 온전함을 이루어 하나가 되게 하려 함은 아버지께서 나를 보내신 것과 또 나를 사랑하심 같이 저희도 사랑하신 것을 세상으로 알게 하려 함이로소이다

1. 요한복음 17장은 예수님의 기도를 기록하고 있습니다. 본문에서의 기도대상은 누구입니까? 오늘날 이들은 누구입니까?

   ① 17-18절 :   =>

   ② 20절 :   =>

2. 예수 그리스도를 위한 사역자들이 진리로 거룩할 수 있는 이유는 무엇입니까?(19절; 히 10:10 참조)

3. 예수님의 기도 내용처럼 교회가 주 안에서 하나가 될 때(21절) 세상 사람들이 새롭게 믿고 깨닫게 되는 3가지 사실은 무엇입니까?

   ① 21절 :

   ② 23절 :

   ③ 23절 :

4. 예수님의 기도를 통해 얻을 수 있는 교훈은 무엇입니까? 발표해 보십시오.

5강 교회를 위해 기도하는 삶

교회를 위한 기도에 대한 연구

1. 교회와 기도의 관계

교회성장은 복합적입니다. 어느 한두 가지의 요인과 원리를 가지고 교회성장을 설명할 수는 없습니다. 그러나 세계적으로 크게 부흥하는 교회의 공통적인 특징은 대부분의 성도들이 열정적으로 교회와 목회자를 위해 기도한다는 사실입니다. "우리 교회가 세계에서 제일 좋은 교회야, 우리 목사님이 세상에서 제일 좋은 목사님이야."라는 말을 하는 성도가 많을수록 그 교회는 건강한 교회요, 행복한 신앙생활의 터전이 될 수 있습니다.

기도는 그리스도인이 누릴 수 있는 최대의 특권입니다. 그리스도인이면 누구나 교회와 지도자들을 위해 기도함으로 구원과 치유사역, 전도와 선교사역 등 모든 차원의 목회사역에 보이지 않게 동참하게 됩니다(고후 1:11). 또한 교회와 목회자를 위한 중보기도는 성도의 가장 큰 헌신입니다. 교회를 사랑하고 목회자를 위하는 성도라면 기꺼이 목회자를 위해 든든한 '기도 방패(Prayer Shield)'가 되어야 합니다(롬 15:30-32).

2. 목회자를 위한 기도의 중요성

1) 목회자의 삶

"인생길 험하고 마음지쳐 살아갈 용기 없어질 때…"하는 복음성가 가사처럼 인생을 살다보면 누구나 절망과 좌절의 벽을 만날 때가 있습니다. 이런 사람들을 위로하고 그 문제를 해결해 주도록 하나님께서는 일꾼들을 세우셨습니다. 그런데 부름받은 영적 지도자도 낙심과 근심의 깊은 늪에 빠질 때가 있습니다. 이것을 '영적침체(Spiritual Depression)'라고 부릅니다.

예) 다윗(삼상 20:3), 동방의 의인 욥(욥 3:21), 엘리야 선지자(왕상 19:4) 모두 심한 좌절을 경험했었습니다. 예수님의 제자 베드로(요 21:3)와 사도 바울도(고후 1:8) 자신의 처지를 절망적으로 고백한 적이 있습니다.

실제로 미국 스카이라인교회의 담임 목사인 존 맥스웰(John C. Maxwell) 목사님이 1년 동안 다른 목회자들로부터 받는 편지 가운데 약 1천 통이 용기를 잃어버렸거나 사역을 그만둘 계획을 하고 있는 목회자들이 쓴 좌절의 편지라고 합니다. 주를 향한 소명감과 책임감으로 무장된 목회자들도 사역을 감당하다 보면 영적으로, 정신적으로, 육체적으로 지치는 경우가 생기기 마련입니다. 이 때 사탄은 이들을 시험에 빠뜨리고 넘어지게 하려고 온갖 방법을 동원하게 됩니다.

2) 교회 지도자들이 직면하는 문제
교회내 영적 지도자들이 쉽게 직면하는 문제들은 다음과 같습니다.

① 외로움(Loneliness)
② 스트레스(Stress)
③ 무력감(Feeling of Inadequacy)
④ 우울증(Depression)
⑤ 영적 전쟁(Spiritual Warfare)
⑥ 유혹(Temptation)

3) 문제 해결의 열쇠
교회의 지도자들은 이 모든 공격들을 물리치기 위한 해답을 어디서 얻을 수 있을까요? 그 해답은 무엇보다 성도들의 기도에 있습니다. 성도들은 영적 지도자들의 개인적인 필요를 위해, 가정의 필요를 위해, 영적인 필요를 위해 항상 기도하여 그들이 다시 새로운 힘과 용기를 얻을 수 있도록 해야 합니다. 영적인 능력을 회복하여 하나님의 나라를 왕성히 확장시켜 가도록 관심과 사랑으로 칭찬해주는 일에 앞장서야 합니다.

기도에 관해 누구보다도 많은 책을 쓴 기도의 아버지 바운즈(E. M. Bounds)는 목회자를 위한 기도에 대해서 다음과 같은 말을 남겼습니다.

① "설교자의 부르짖음은 우리를 위해 기도해 달라는 것이다."
② "폐에 공기가 필요한 만큼 목회자에게는 기도가 가장 필요하다."
③ "목사는 기도해 주어야 하고, 또 기도받아야 한다."

적용과 실천

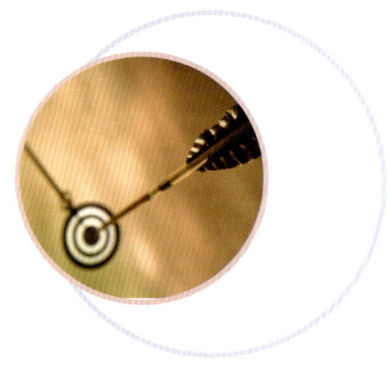

실천합시다

1. 오늘 새롭게 배우고 깨닫게 된 부분이 무엇입니까? 옆 사람과 진지하게 나누고 그것을 자신의 삶에 적용할 수 있도록 기도하십시오. (2분)

2. 다른 교인이나 불신자들에게 우리 교회와 담임목회자를 소개할 때 어떻게 소개하고 있는지 각자 발표해 보십시오. (2분)

3. 우리 교회와 영적 지도자들을 위한 기도의 제목들을 칠판에 적어본 후 그룹별로 한 가지씩 제목을 정하여 집중적으로 기도하는 시간을 가지십시오. (2분)

4. 오늘부터 우리 교회와 지도자들을 위해 기도하는 삶을 살겠다고 다짐하십시오.

추천 도서

피터 와그너, 「방패기도」, 서로사랑, 1997.
이동원, 「하나님을 감동시킨 사람들의 기도」, 나침반, 1998.

교회성장의 Key

미국 네바다 교회성장연구소(Nevada Church Growth)에서는 기도의 능력을 확증하기 위해 한 모델을 조사하여 다음과 같은 결과를 얻었습니다.
"아리조나 주의 한 선교단체에서 훈련받은 중보기도자들이 1년 동안 130명의 목회자, 부흥사, 선교사들을 위해 하루 15분씩 기도하였습니다. 그 결과 기도대상의 89퍼센트가 그들의 중보기도 때문에 목회가 효과적으로 변화되었으며 은사의 사용, 성도들이 은혜받는 면, 영적 분별력, 그리스도 안에서의 영성 개발, 신앙의 태도 변화, 성령의 열매, 개인적인 기도생활 등에서 진보가 있었고 지도력의 향상과 발전이 있었습니다."

✚ 반드시 봉사하되 즐겁게 하십시오

제6강
주님을 위해 봉사하는 삶

>>> 들어가면서

어느 교회에서 있었던 일입니다. 여름철에 40세 정도의 남자가 목사님을 찾아와서 "목사님, 제가 금년에는 어린이 여름 성경학교를 위해서 봉사하고 싶습니다."라고 말했습니다. 이 이야기를 들은 목사님은 깜짝 놀랐지만 내색하지 않고 계속 이야기를 들었습니다. 그 성도는 이어서 "목사님, 아시다시피 제가 가르치는 일을 할 수는 없고…"까지 말이 끝나자 목사님은 안도감이 들었습니다. 왜냐하면 그 성도에게는 아이들을 가르칠만한 능력이 없다는 것을 너무 잘 알고 있었기 때문입니다.

그는 계속해서 말했습니다. "해마다 성경학교 때 보면 더위 때문에 아이들이 힘들어하는 것을 느꼈습니다. 그래서 금년에는 제가 아이들을 위해 냉차를 준비하는 일을 맡아서 하겠습니다." 그 말을 듣고 목사님은 기쁘게 승낙했습니다. 이 성도는 성경학교 기간동안 얼음을 넣은 쥬스를 나누어 주는 일을 통해 기쁨으로 어린아이들을 섬겼고, 덕분에 아이들은 시원하게 성경학교 기간을 지낼 수 있었습니다.

▷ 참 기쁨의 봉사는 어떠할 때 가능합니까? 서로 생각나는 것을 나누어 보십시오.

주님을 위해 봉사하는 삶

주님을 위해 봉사하되 즐겁게 하고 계십니까?

전혀 아니다 ⇔ 매우 그렇다

1. 현재 교회에서 한 가지 이상 봉사하고 있다. 1 2 3 4 5

2. 봉사를 함에 있어 사람보다는 하나님을 기쁘시게 하려고 노력한다. 1 2 3 4 5

3. 직분을 받지 않았더라도 교회를 위해 봉사할 수 있다고 생각한다. 1 2 3 4 5

4. 같은 부서에서 봉사하는 사람들과 좋은 관계를 유지하고 있다. 1 2 3 4 5

5. 우리 교회에서는 주님을 위한 봉사에 귀천이 없다고 믿는다. 1 2 3 4 5

6. 봉사활동보다는 예배 시간을 더 중요하게 생각하고 있다. 1 2 3 4 5

7. 지금 하고 있는 봉사가 내 시간이나 능력에 있어서 큰 부담이 되지 않는다. 1 2 3 4 5

8. 내가 지금 봉사하고 있는 분야에서 보람과 감사를 느낀다. 1 2 3 4 5

9. 불신자를 전도하거나 초신자를 만날 때면 봉사하는 생활을 하도록 권면한다. 1 2 3 4 5

10. 더 많은 봉사의 열매를 맺기 위해 정기적으로 양육과 훈련을 받고 있다. 1 2 3 4 5

평가해 보십시오.

각 문항마다 체크한 점수를 합산하십시오.   나의 점수 (   )점

성경과의 만남

민수기 8장 14절에서 22절까지 읽어보십시오.

¹⁴너는 이같이 이스라엘 자손 중에서 레위인을 구별하라 그리하면 그들이 내게 속할 것이라 ¹⁵네가 그들을 정결케 하여 요제로 드린 후에 그들이 회막에 들어가서 봉사할 것이니라 ¹⁶그들은 이스라엘 자손 중에서 내게 온전히 드린바 된 자라 이스라엘 자손 중 일절 초태생 곧 모든 처음 난 자의 대신으로 내가 그들을 취하였나니 ¹⁷이스라엘 자손 중에 처음 난 것은 사람이든지 짐승이든지 다 내게 속하였음은 내가 애굽 땅에서 그 모든 처음 난 자를 치던 날에 내가 그들을 내게 구별하였음이라 ¹⁸이러므로 내가 이스라엘 자손 중 모든 처음 난 자의 대신으로 레위인을 취하였느니라 ¹⁹내가 이스라엘 자손 중에서 레위인을 취하여 그들을 아론과 그 아들들에게 선물로 주어서 그들로 회막에서 이스라엘 자손을 대신하여 봉사하게 하며 또 이스라엘 자손을 위하여 속죄하게 하였나니 이는 이스라엘 자손이 성소에 가까이 할 때에 그들 중에 재앙이 없게 하려하였음이니라 ²⁰모세와 아론과 이스라엘 자손의 온 회중이 여호와께서 레위인에게 대하여 모세에게 명하신 것을 다 좇아 레위인에게 행하였으되 곧 이스라엘 자손이 그와 같이 그들에게 행하였더라 ²¹레위인이 이에 죄에서 스스로 깨끗케 하고 그 옷을 빨매 아론이 그들을 여호와 앞에 요제로 드리고 그가 또 그들을 위하여 속죄하여 정결케 한 ²²후에 레위인이 회막에 들어가서 아론과 그 아들들의 앞에서 봉사하니라 여호와께서 레위인의 일에 대하여 모세에게 명하신 것을 좇아 그와 같이 그들에게 행하였더라

* 요제(wave offering) : 구약의 제사 중 하나이며 '하나님께 온전히 드린다'는 의미로 제물의 일부를 앞뒤로, 혹은 위 아래로 흔들어 드리는 제사

1. 하나님께서 이스라엘 백성 중 처음난 자(첫 열매)를 대신하여 선택한 사람들은 누구입니까? (14, 16, 18절)

2. 제사장(아론과 그 아들)을 돕기 위해 하나님께서 레위인들에게 맡기신 두 가지 일은 무엇입니까?
    ①
    ②

3. 회막에 들어가서 봉사하기 위해서 레위인들은 어떠한 의식과 절차를 걸쳐야 했습니까? (21절) 이는 오늘날 무엇이라고 말할 수 있습니까?

4. 구약시대의 레위인과 오늘날 교회 안에서의 봉사자 사이에는 어떠한 공통점과 차이점이 있는지 나름대로 자신의 생각을 발표해 보십시오.

6강 주님을 위해 봉사하는 삶

봉사하는 삶에 대한 연구

1. 봉사의 의미

일반적으로 봉사는 '섬김(service)'과 동일하게 쓰입니다. 봉사를 헬라어로 '디아코니아(diakonia)'라고 하는데 이 말은 ① 우리가 하나님께로부터 받은 성령의 은사를 사용하여 지체를 섬기는 일(엡 4:11-12)과 더불어 ② 하나님께 예배를 드린다는 의미(눅 10:40-42)로 사용되고 있습니다. 구체적으로는 하나님께서 특별히 섬기고 봉사하도록 직무나 사역을 위해 구별하신 초대교회의 일곱 집사(deacon)를 가리키는 말로 쓰이기도 했습니다(행 6:1-7).

봉사는 영적 성장을 위해 필수적입니다. 말씀과 기도생활이 받는 것이라면 봉사와 섬김은 주는 것입니다. 신앙생활도 주고 받는 것이 조화를 이룰 때 성장과 발전이 있습니다. 은혜의 체험이 봉사로 이어질 때 건강한 영성을 지니기 마련입니다.

2. 올바른 봉사의 태도

1) 우리 자신을 _____으로 봉사해야 합니다 (롬 12:1)

사도 바울은 그리스도인의 봉사의 삶에 대해 먼저 우리 자신을 하나님께 드리라고 했습니다. 예수님은 생명을 주기까지 우리를 섬기셨습니다(마 20:28). 헌신이 선행되지 않은 봉사는 허영이고, 일시적이요, 경쟁적이요, 자기 중심적인 것에 불과합니다. 이런 봉사는 어려움과 시련을 만나면 곧 수그러들게 됩니다.

2) _____으로 봉사해야 합니다 (딤후 2:21)

하나님은 거룩하시기 때문에 더러운 사람을 사용하실 수 없습니다. 하나님은 성결함 속에 충만히 거하시며 자신을 나타내십니다. 그분은 당신이 쓰실 그릇이 어떤 재료로 만들어졌는가 보다는 깨끗한 그릇인가에 더 관심이 있으십니다.

3) _____의 충만함으로 봉사해야 합니다 (빌 3:3)

사람은 그 마음에 가득한 것을 드러냅니다(눅 6:45). 마음에서 자연스럽게 표출되는 봉사야말로 기쁘고 효과적인 봉사입니다. 그러나 세속에 물든 우리의 마음에서 나오는 것은 더럽고 추한 것들뿐입니다(막 7:21-23). 오직 우리 마음이 성령으로 충만할 때, 그리고 그 성령께서 일하실 때 우리의 봉사가 아름다운 것이 될 수 있습니다.

4) 각자의 _____ 대로 봉사해야 합니다 (벧전 4:10)

하나님께서 은사를 주신 것은 교회의 유익을 위해서입니다. 성도들은 각자에게 주신 은사를 따라 적합한 장소에서 봉사해야 합니다. 그렇게 함으로 그리스도의 몸된 교회가 균형있게 자랄 수 있도록 도울 수 있습니다.

5) _____ 으로 봉사해야 합니다 (고전 4:2; 딤전 3:11)

충성은 마음과 뜻과 정성을 온전히 기울이는 것입니다. 주님께서도 충성되고 지혜 있는 종을 찾으셨으며(마 24:45), 또한 선한 종을 가리켜 착하고 충성된 종이라고 말씀하셨습니다(마 25:21).

6) _____ 으로 봉사해야 합니다 (빌 2:17; 벧전 4:11上)

예수님의 사랑을 생각하며 봉사할 때 우리는 기뻐할 수 있습니다. 바울은 주님의 십자가의 사랑에 보답하기 위해 자기 몸을 관제로 드리는 것조차도 기뻐했습니다. 그리고 하나님이 주시는 힘으로 봉사하면 기쁨이 있습니다.

3. 봉사의 열매

주님과 교회를 위한 봉사에는 반드시 상급과 열매가 따르게 됩니다.

1) 나에게 _____ 이 있습니다 (살전 3:9)

사도 바울은 성도들에 대한 자신의 봉사가 스스로의 삶에 얼마나 큰 기쁨과 감사를 주고 있는지에 대해 자주 언급하고 있습니다. 이처럼 마음에서 우러나오는 봉사는 봉사자 자신의 마음에 기쁨을 줍니다.

2) 교회에 _____ 이 됩니다 (고후 9:12)

교회 안에서 서로가 서로를 섬겨주는 일은 서로의 부족함을 채워주게 되어 결국은 그리스도의 몸된 교회가 더욱 견고하게 서가도록 합니다.

3) 하나님께 _____ 이 됩니다 (벧전 4:11)

하나님은 그 자녀들을 통해 영광 받으시기를 원하십니다. 우리의 작은 봉사는 자신에게 기쁨이 되고, 몸된 교회를 세움으로 인하여 하나님께 영광을 돌리게 됩니다.

적용과 실천

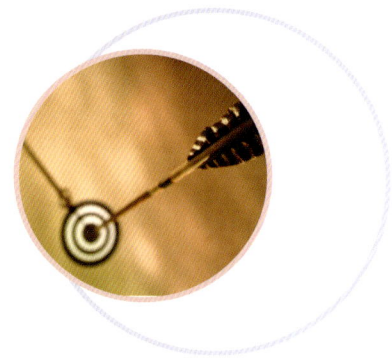

실천합시다

1. 오늘 새롭게 배우고 깨닫게 된 부분이 무엇입니까? 옆 사람과 진지하게 나누고 그것을 자신의 삶에 적용할 수 있도록 기도하십시오. (2분)

2. 지금 자신이 교회에서 하고 있는 봉사의 일들을 기록하고, 이를 통해 가장 기쁨을 누리는 일이 무엇인지 적어 보십시오.

3. 주제 연구에 소개된 올바른 봉사의 여섯 가지 태도 가운데 가장 잘 지켜지는 것과 그 반대인 것은 무엇입니까? 발표해 보십시오.

4. 주님과 교회를 위한 봉사를 통해 풍성한 열매를 맺는 삶을 살겠다고 재다짐하는 기도를 드리십시오. (1분)

추천 도서

손봉호 편집, 「현대교회와 봉사생활」, 도서출판 엠마오, 1991.

교회성장의 Key

나에스더 부인의 봉사철학

원주와 대전에 사회관과 애육원을 세운 후 전쟁 미망인, 나환자, 결핵환자들을 돌보는 삶으로 일생을 바친 나에스더 부인에게는 다음과 같은 삶의 철학이 있었습니다.
"인간적 고통을 탕감받은 이들은 누구든지 다른 사람의 고통을 탕감받는 일에 노력을 아껴서는 안된다. 이 세상과 주위에 널려 있는 불행을 나누어 짊어져야 한다."

✚ 교회, 가정, 직장 생활의 조화를 이루십시오

제7강
균형있는 삶

>>> 들어가면서

혼자만 있게 되는 시간에는 세 장의 종이를 꺼내십시오.
그리고 다음의 질문에 대한 답변을 진지하게 생각하며 적어보십시오.

첫째, 여러분의 가족이 당신을 어떻게 평가한다고 생각하십니까?
둘째, 여러분의 직장 동료들은 당신을 어떤 사람으로 평가한다고 생각하십니까?
셋째, 여러분이 출석하는 교인들의 평가는 어떠하리라고 생각하십니까?

세 장의 종이를 다 기록하고 나서 눈을 감으십시오. 만족하십니까?
하나님께서 이 기록들을 보시고 여러분을 어떻게 평가하시리라고 기대하십니까?

▷ 지금 바로 위의 세 가지 질문에 대한 답을 기록해 보십시오. 그리고 그 내용을 서로 나누어 보십시오.

균형있는 삶

교회, 직장, 가정에서 균형있는 신앙 생활을 하고 계십니까?

전혀 아니다 ←→ 매우 그렇다

1. 주일날 교회로 향할 때 피곤하다는 생각 대신 기쁨과 활력이 넘친다.　1 2 3 4 5

2. 예배 시간에 자주 졸거나 다른 데 주의를 팔지 않고 집중하는 편이다.　1 2 3 4 5

3. 교회에서의 봉사는 주님께서 내게 맡겨주신 일이라는 확신이 있다.　1 2 3 4 5

4. 자녀를 주의 교양과 훈계로 양육하며, 부모님을 공경하고 있다.　1 2 3 4 5

5. 배우자를 비롯한 가족들과 마음을 터놓고 자주 대화하는 편이다.　1 2 3 4 5

6. 가족 전체가 신앙으로 하나되도록 정기적으로 가정예배를 드리고 있다.　1 2 3 4 5

7. 직장(사업장)에서는 자신감을 가지고 성실하게 업무를 처리하고 있다.　1 2 3 4 5

8. 일을 추진할 때마다 창의력과 설득력을 주시도록 하나님께 기도한다.　1 2 3 4 5

9. 크리스천임을 자랑스럽게 여기며 모범이 되는 사회생활을 하려고 노력한다.　1 2 3 4 5

10. 내 시간과 재물을 하나님의 영광을 위해 사용하려고 노력한다.　1 2 3 4 5

평가해 보십시오.

각 문항마다 체크한 점수를 합산하십시오.　　나의 점수 (　　　)점

성경과의 만남

골로새서 3장 12절에서 23절까지 읽어보십시오.

¹²그러므로 너희는 하나님의 택하신 거룩하고 사랑하신 자처럼 긍휼과 자비와 겸손과 온유와 오래 참음을 옷입고 ¹³누가 뉘게 혐의가 있거든 서로 용납하여 피차 용서하되 주께서 너희를 용서하신 것과 같이 너희도 그리하고 ¹⁴이 모든 것 위에 사랑을 더하라 이는 온전하게 매는 띠니라 ¹⁵그리스도의 평강이 너희 마음을 주장하게 하라 평강을 위하여 너희가 한 몸으로 부르심을 받았나니 또한 너희는 감사하는 자가 되라 ¹⁶그리스도의 말씀이 너희 속에 풍성히 거하여 모든 지혜로 피차 가르치며 권면하고 시와 찬미와 신령한 노래를 부르며 마음에 감사함으로 하나님을 찬양하고 ¹⁷또 무엇을 하든지 말에나 일에나 다 주 예수의 이름으로 하고 그를 힘입어 하나님 아버지께 감사하라 ¹⁸아내들아 남편에게 복종하라 이는 주 안에서 마땅하니라 ¹⁹남편들아 아내를 사랑하며 괴롭게 하지 말라 ²⁰자녀들아 모든 일에 부모에게 순종하라 이는 주 안에서 기쁘게 하는 것이니라 ²¹아비들아 너희 자녀를 격노케 말지니 낙심할까 함이라 ²²종들아 모든 일에 육신의 상전들에게 순종하되 사람을 기쁘게 하는 자와 같이 눈가림만 하지 말고 오직 주를 두려워하여 성실한 마음으로 하라 ²³무슨 일을 하든지 마음을 다하여 주께 하듯 하고 사람에게 하듯 하지 말라

1. 믿음의 공동체 안에서 생활하는데 있어서 하나가 될 수 있는 궁극적인 방법은 무엇입니까? (14절)

2. 가정 생활에 있어서 가족 구성원마다 각자 지녀야 하는 올바른 태도를 본문을 참고로 하여 기록해 보십시오. (18-21절)

   ① 아내 :
   ② 남편 :
   ③ 자녀 :
   ④ 부모 :

3. 사회생활의 상하관계에 있어서 가장 중요한 마음가짐은 무엇입니까? (22절)

   _____한 마음

4. 우리 삶의 모든 영역에서 항상 염두에 두어야 할 것은 무엇입니까? (24절 참조)

   ① 우리가 섬기는 대상 :
   ② 보상하실 분 :

7강 균형있는 삶 45

균형있는 삶에 대한 연구

1. 영적 균형과 그 중요성

하나님 나라(the Kingdom of God)의 영역에는 개인, 가정, 교회, 그리고 세상이라는 네 가지 차원이 모두 포함됩니다. 그리스도인은 이 모든 차원에서 영적인 균형을 이루며 규모있는 삶을 살아가도록 부르심을 받았습니다. 영적인 균형이 중요한 이유는 다음과 같습니다.

1) 규모있게 사는 것이 영적 성장의 본질이기 때문입니다 (벧후 1:5-8)

영적 성장은 어느 한 부분만 성장하는 기형적인 성장이 아니라 모든 영역에서 골고루 성장하는 총체적 성장(holistic growth, total growth)이 되어야 합니다.

2) 규모있는 삶은 하나님의 뜻이기 때문입니다 (살후 3:7-8)

규모있는 삶은 하나님의 질서가 있는 마음, 잘 정돈된 마음(a well-ordered heart)을 가지고 하나님의 가장 중요한 뜻을 따라 인생을 사는 것입니다.

3) 규모있는 삶에 참 평안과 행복이 있기 때문입니다 (전 3:11-13)

자신에게 걸맞는 인생, 자신에게 주어진 인생을 사는 사람만이 행복과 안식을 누리며 살아갈 수 있습니다.

2. 균형있는 삶을 살기 위한 다섯 가지 모델

균형있는 삶을 살 수 있는 성경적인 원리들을 소개하면 다음과 같습니다.

1) 수레바퀴 모델 (Wheel Model)

수레바퀴에는 네 가지 살이 가운데 축으로 연결되어 있습니다. 가운데 축은 예수 그리스도이며, 네 가지 살은 말씀과 기도와 교제와 증거입니다. 이 네 가지 살을 크게 하는 작업이 영적 성장의 균형을 위해 필수적입니다.

2) 예수 모델 (Jesus model)

누가복음 2장 52절은 예수님의 성장이 총체적 성장, 전인성장이었음을 보여줍니다. 지혜가 자랐다는 것은 지적 성장입니다. 키가 자랐다는 것은 신체적 성장입니다. 하나님께 사랑스러워갔다는 것은 영적 성장입니다. 사람에게 더 사랑스러워갔다는 것은 사회적 성장을 말하는 것입니다.

3) 천국 모델 (Kingdom Model)

골로새서 3장은 천국의 네 가지 성장의 차원을 잘 묘사해주고 있습니다. 첫째는 개인성장(personal growth, 12-14절)으로 사랑과 용납으로 이루어집니다. 둘째는 교회성장(church growth, 15-17절)으로 사랑과 화평이 그 중심입니다. 셋째는 가정성장(family growth, 18-21절)으로 사랑과 순종으로 이루어집니다. 넷째는 세상에서의 사회성장(social growth, 22절-4장 1절)으로 사랑과 성실이 핵심입니다.

4) 청지기 모델 (Steward Model)

청지기 모델이란 경제 생활에서 실패하지 않는 것입니다. 영적 성장을 위해서도 물질의 적절한 관리는 필수적입니다(눅 12:33-34). 현재의 경제 상태에 만족해야 하지만 개선시켜나가는 자세도 필요합니다.

5) 안식일 모델 (Sabbath model)

안식일 모델이란 지나치게 바쁘고 피곤한 인생이 되지 않도록 쉴 때 쉬는 삶의 양식을 말합니다. 목적없는 분주함을 피하여 하나님 안에서의 참 안식을 누릴 수 있어야 합니다(출 20:9-10).

3. 균형잡힌 삶의 열매

교회, 가정, 직장에서 균형잡힌 신앙 생활을 하려고 힘쓰는 사람에게 하나님께서 베푸시는 축복은 삶을 통하여 맺게 되는 귀한 열매들입니다. 성경은 이것을 성령의 열매라고 말씀합니다

성령의 열매(갈 5:22-23) : 사랑(love), 희락(joy), 화평(peace), 오래 참음(patience), 자비(kindness), 양선(goodness), 충성(faithfulness), 온유(gentleness), 절제(self-control).

사람들은 성공을 추구합니다. 그러나 성공이라는 이름으로 교회와 가정과 직장에서의 삶의 균형을 잃어버리는 것은 신기루를 잡기 위해 달려가는 모습과 같습니다. 오직 성령의 열매들을 추구하면서 살아갈 때 그 사람은 성공하는 삶을 영위하게 됩니다.

적용과 실천

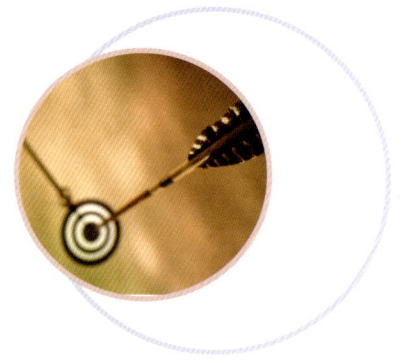

실천합시다

1. 오늘 새롭게 배우고 깨닫게 된 부분이 무엇입니까? 옆 사람과 진지하게 나누고 그것을 자신의 삶에 적용할 수 있도록 기도하십시오. (2분)

2. 여러분의 삶 가운데(가정, 직장, 교회 ...) 균형을 필요로 하는 영역은 무엇이라고 생각하십니까? 하나님의 도우심을 구하는 기도를 하십시오. (2분)

3. 균형있는 삶을 살기 위한 다섯 가지 모델 가운데 자신에게 가장 인상적이었던 모델은 무엇입니까? 그 이유가 무엇인지 옆 사람과 나누어 보십시오.

4. 신앙과 삶이 일치된 그리스도인으로 살아갈 것을 새롭게 결심하는 기도를 드리십시오. (1분)

추천 도서

빌 하이블스, 「직장속의 그리스도인」, 한세, 1993.
주수일, 「아름다운 가정의 비밀」, 국민일보사, 1991.

교회성장의 Key

> 그리스도를 따른다는 것은
> 천국이라는 위쪽 현실 세계에서 하나님을 만나는 것,
> 우리 자신이라는 내면의 현실 세계에서 삶을 습득하는 것,
> 삶의 현장이라는 바깥쪽 현실 세계에서
> 개인적인 역사를 만드는 것을 함축하고 있다.
>
> -고든 맥도날드(Gordon MacDonald)

✚ 물질을 대고 심으십시오

제8강

주님께 드리는 삶

>>> 들어가면서

아무 것도 가진 것이 없는 가난한 사람이 있었는데, 어느날 하나님께서 그에게 사과 10개를 주셨습니다. 3개는 맛있게 먹고, 다른 3개는 집을 구하는데 쓰며, 그 다음 3개는 옷을 사는데 쓰고, 나머지 1개는 다른 9개를 선물로 주신 하나님께 감사하는데 사용하라고 주신 것이었습니다. 그래서 이 사람은 우선 사과 3개를 맛있게 먹었고, 다른 사과 3개는 팔아서 집을 구입하였으며, 또 다른 사과 3개는 팔아서 옷을 사입었습니다. 그리고 마지막 남은 1개의 사과를 쳐다보았습니다. 이 사과는 다른 9개의 사과를 선물로 주신 하나님께 감사하는 마음으로 다시 돌려드려야 한다는 것을 잘 알고 있었지만, 먹고 싶은 마음을 도저히 참을 수 없었습니다. 결국 그는 '이 세상 모든 사과가 다 하나님의 것인데 이까짓 한 개쯤 내가 먹어버린다고 해서…' 라고 생각하며 10번째 사과까지 먹어버리고 말았습니다. 그리고 텅빈 속대만 달랑 남겨 놓았습니다.

하나님께서는 우리가 먹고, 입고, 살기에 부족함이 없도록 충분하게 사과를 주시고 덤으로 한 개를 더 주시면서 그것을 가지고 하나님께 감사하도록 하셨습니다. 여러분은 제일 크고 먹음직스러운 사과 한 개를 감사하는 마음으로 하나님께 바치시렵니까? 아니면 이 사람처럼 모두 다 먹어버리고 부끄럽게 텅빈 속대만 바치시렵니까?

▷ 이 글을 읽고 무엇을 느끼셨습니까? 십일조를 비롯한 자신의 헌금 생활에 대해 나누어보십시오.

주님께 드리는 삶

자신의 드리는 삶을 스스로 체크해 보십시오.

전혀 아니다 ←→ 매우 그렇다

1. 내 물질과 재산은 모두 하나님께서 선물로 주신 것이라고 생각한다. 1 2 3 4 5

2. 헌금생활과 구제는 그리스도인의 마땅한 의무라고 생각한다. 1 2 3 4 5

3. 헌금을 드릴 때 즐거운 마음과 감사하는 마음으로 드리는 편이다. 1 2 3 4 5

4. 하나님께서 기쁘게 받으시는 헌금에는 하나님의 은총이 뒤따른다고 믿는다. 1 2 3 4 5

5. 십일조는 하나님께서 내 모든 소유의 주인임을 인정하는 신앙의 표현이다. 1 2 3 4 5

6. 내 십일조는 성실하게 총 수입에서 드리고 있다. 1 2 3 4 5

7. 헌금을 드릴 때 내 이름이 드러나기를 바라지 않는다. 1 2 3 4 5

8. 물질이나 봉사로 가난한 사람이나 장애인을 돕는 사람을 보면 감동을 받는다. 1 2 3 4 5

9. 헌금 이외에도 정기적으로 후원금을 보내는 곳(선교회, 자선단체 등)이 있다. 1 2 3 4 5

10. 물질을 모으는 것보다 올바로 사용하는데 더 관심을 기울이려고 노력한다. 1 2 3 4 5

평가해 보십시오.

각 문항마다 체크한 점수를 합산하십시오.   나의 점수 (   )점

성경과의 만남

고린도후서 9장 6절에서 11절까지 읽어보십시오.

⁶이것이 곧 적게 심는 자는 적게 거두고 많이 심는 자는 많이 거둔다 하는 말이로다 ⁷각각 그 마음에 정한 대로 할 것이요 인색함으로나 억지로 하지 말지니 하나님은 즐겨 내는 자를 사랑하시느니라 ⁸하나님이 능히 모든 은혜를 너희에게 넘치게 하시나니 이는 너희로 모든 일에 항상 모든 것이 넉넉하여 모든 착한 일을 넘치게 하게 하려 하심이라 ⁹기록한 바 저가 흩어 가난한 자들에게 주었으니 그의 의가 영원토록 있느니라 함과 같으니라 ¹⁰심는 자에게 씨와 먹을 양식을 주시는 이가 너희 심을 것을 주사 풍성하게 하시고 너희 의의 열매를 더하게 하시리니 ¹¹너희가 모든 일에 부요하여 너그럽게 연보를 함은 저희로 우리로 말미암아 하나님께 감사하게 하는 것이라

1. 사도 바울은 고린도후서 8장에서 마게도냐 교인들의 예를 들면서 드리는 삶에 대해 말하고 있습니다. 마게도냐 교인들이 물질을 드리기 전에 한 일은 무엇입니까? (고후 8:5 참조)

2. 하나님께 드리는 일에 있어서 우리에게 먼저 본을 보이신 분은 누구십니까? (고후 8:9 참조)

3. 바울은 연보를 무엇에 비유하고 있습니까? (6, 10절) 그 이유는 무엇이라고 생각하십니까?

4. 7절에 나타난 헌금생활의 올바른 자세를 정리해 보십시오.

   ①
   ②
   ③

5. 즐겨내는 자에게 베푸시는 하나님의 은총은 무엇입니까? (8, 10절)

   ① 8절:
   ② 10절:

8강 주님께 드리는 삶

주님께 드리는 삶에 대한 연구

1. 헌금의 중요성

그리스도인의 신앙생활에 있어 헌금을 중요하게 여겨야 하는 이유는
1) 우리의 모든 재물은 하나님의 것이기 때문입니다 (신 8:17-18)
2) 헌금은 행함있는 믿음의 표현이기 때문입니다 (고후 8:3-4)
3) 그리스도인의 재물은 하나님의 영광을 위해 쓰여져야 하기 때문입니다 (고전 10:31)
4) 영적으로, 물질적으로 복을 누리는 삶을 보장해 주기 때문입니다 (눅 6:38)

2. 헌금을 드리는 올바른 태도

1) _____ 드려야 합니다 (고후 8:2)
2) _____ 드려야 합니다 (고후 9:7)
3) _____ 드려야 합니다 (고후 8:7; 고후 9:11)
4) _____ 을 가져야 합니다 (마 25:14-30)

"Careless giving leads to care-less living"(아낌없는 헌금은 걱정없는 삶을 만든다.)

3. 십일조에 대한 이해

1) 십일조란? (말 3:8-10)
자기 수입의 십분의 일을 하나님께 드림으로써 내가 가진 모든 것의 주인이 하나님이시라는 것을 겸손하게 인정하고 고백하는 행위입니다.

2) 성경에 나타난 십일조의 근거
① 구약 : 최초로 십일조를 드린 사람은 아브라함으로서, 전투에서 얻은 것의 십분의 일을 하나님의 제사장인 멜기세덱에게 바쳤습니다(창 14:20). 모세가 하나님이 주신 율법을 선포하기 전이었음에도 불구하고 그가 십일조를 드렸던 근본 이유는 자기가 얻은 것의 소유권이 하나님께 있음을 인정했기 때문입니다. 야곱도 벧엘에서 십일조 서약을 하였습니다(창 28:22).

② 신약 : 신약시대에도 초대교회 신자들이 자기의 전 재산을 팔아 교회에 바치고 공동으로 사용했

던 것을 볼 수 있습니다(행 4:32).

③ 십일조에 대한 예수님의 태도: 예수님은 십일조는 드리면서도 공의와 하나님께 대한 사랑을 도외시한 채 살아가는 바리새인들을 비난하시면서 십일조를 드리는 동시에 의와 인과 신도 충실하게 행해야 한다고 말씀하셨습니다(눅 11:42; 마 23:23).

3) 십일조의 역할

① 하나님의 주권을 인정하는 증거 (말 3:7-11) : 자기 수입의 십분의 일을 하나님께 바침으로써 나의 모든 것이 하나님의 것인데 하나님이 사용할 수 있게 해주셨기에 고맙고 감사하다고 고백하는 것입니다.

② 구제의 도구 (신 14:22-29) : 구약에 보면 십일조가 레위인, 나그네, 고아와 과부 등을 위한 구제의 일환으로 쓰여졌음을 알 수 있습니다.

③ 사랑과 헌신의 표시 : 우리는 하루 중 많은 시간을 돈 버는데 사용합니다. 이렇게 힘들게 번 돈의 일부를 하나님께 바침으로써 재물보다 하나님을 더 사랑하며 귀히 여긴다는 우리의 믿음을 구체적으로 하나님께 전달하게 되는 것입니다.

4. 구제의 중요성

1) 구제는 하나님의 명령입니다 (고후 8:12-15)

주린 자에게 식물을 나누어 주는 것은 하나님의 명령입니다. 하나님은 우리가 우리의 소유를 가지고 자신의 생활만을 위하여 쓰기보다는, 그 일부를 가지고 다른 사람의 부족함을 채우는 데도 쓰기를 원하십니다.

2) 모든 그리스도인은 빚진 자입니다 (롬 1:14)

우리는 하나님의 은혜에 빚진 자이며, 어느 부분에 있어서는 더 많은 혜택을 누리는 사람이라고 할 수 있습니다. 빚진 자는 그 빚을 갚아야 떳떳한 법입니다.

3) 베풀수록 더 많이 채워지는 법입니다 (사 58:7-8)

하늘나라의 법칙은 더 나누어주고 베풀수록 풍성해진다는 것입니다. 구제와 헌신에 힘쓸수록 하나님은 그 사람의 범사를 책임져 주시고 풍요와 번영을 약속해 주십니다.

적용과 실천

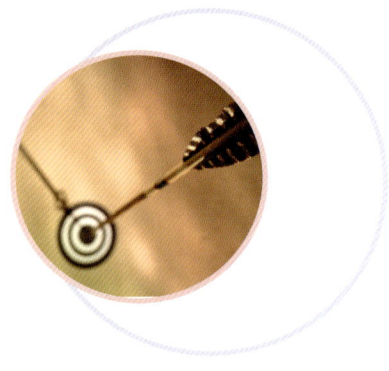

실천합시다

1. 오늘 새롭게 배우고 깨닫게 된 부분이 무엇입니까? 옆 사람과 진지하게 나누고 그것을 자신의 삶에 적용할 수 있도록 기도하십시오. (2분)

2. 십일조에 대해 잘못된 생각과 태도를 가지고 있었다면 그 내용을 옆 사람과 나누십시오. 그리고 물질을 통해 하나님을 향한 자신의 헌신과 정성을 표현할 수 있는 방법을 나누어 보십시오.

3. 그리스도인은 물질만이 아닌 삶 자체를 하나님께 드려야 합니다. 즐겁고 감사하는 마음으로 주께 드릴 자세가 되어 있는지 스스로 물어 보십시오.

추천 도서

김동윤, 「솔직히 말해서, 예수님 다음으로 돈이 좋아요」, 교회성장연구소, 1997.
이사국, 「성경적 헌금론과 교회재정 관리」, 예찬사, 1995.

교회성장의 Key

주여 당신의 생애는
그렇게도 철저한 나눔의 생애로 부서졌건만
우리의 나날은
어찌 이리 소유를 위해 숨이 차게 바쁜지
시시로 당신 앞에 성찰하게 하소서.
아무 것도 가진 것 없고 아무 것도 가져갈 수 없는
이승의 순례객인 우리가
이기와 탐욕의 노예가 되지 못하게 하소서.
우리가 갖고 있는 모든 것은
당신께 빌려 받은 것임을 항상 기억케 하소서.

—이해인 수녀

✚ 새사람을 받아들이십시오

제9강

새신자를 양육하는 삶

>>> 들어가면서

중학교 때 한동안, 그리고 고등학교 때까지도 가끔 교회에 다녀봤다.
그런데 대학에 들어간 이후 교회에 다니지 않는다.
주위로부터 권유는 받고 있으나 어쩐지 내키지 않는다.
그 '어쩐지'에 대해서 지금 곰곰히 생각해 보고 있는데 결론은 이런 것이다.
우선 예수님은 참 훌륭한 분이다. 순수하고 진실된 분이다.
다만 교회에 나오는 사람들의 각종 행태나 눈치나 수준이 싫은 것이다.
그래도 솔직히 예수님은 좋다.
교회에 가서 그냥 나 혼자 예수님만 볼 수 있었으면 좋겠다.
그러면 나는 아무 교회에나 기꺼이 나가겠다. 오늘 당장이라도!

▷ 어느 불신자의 고백입니다. 여러분의 모습은 그들에게 어떻게 비쳐지고 있습니까?

새신자를 양육하는 삶

새신자를 환영하고 양육하는 토양인지 체크해 보십시오.

전혀 아니다 ↔ 매우 그렇다

1. 우리 교회는 전체적으로 새신자를 환영하는 분위기라고 생각한다.   1 2 3 4 5

2. 우리 교회에 한 번 나오고 마는 사람은 별로 없다.   1 2 3 4 5

3. 우리 교회에는 새신자만을 위한 안내요원이 있다.   1 2 3 4 5

4. 우리 교회에서는 새신자 특공대나 새신자 양육위원들을 위한 교육이 활발히 이루어지고 있다.   1 2 3 4 5

5. 우리 교회는 새신자에게 적합한 신앙교육을 실시하고 있다.   1 2 3 4 5

6. 우리 교회에서는 새신자를 위하여 충분히 예산을 편성하고 있다.   1 2 3 4 5

7. 나는 지난 주일 우리 교회에 새로 나온 사람을 기억하고 있다.   1 2 3 4 5

8. 나는 교회에서 처음 보는 사람에게 먼저 인사를 건네는 편이다.   1 2 3 4 5

9. 나는 심방이나 그 외의 일로 새 교우의 집을 방문하곤 한다.   1 2 3 4 5

10. 내가 전도한 사람에게 지금도 관심있게 연락하며 기도하고 있다.   1 2 3 4 5

평가해 보십시오.

각 문항마다 체크한 점수를 합산하십시오.   나의 점수 (　　　)점

성경과의 만남

디모데전서 4장 6절에서 16절까지 읽어보십시오.

⁶네가 이것으로 형제를 깨우치면 그리스도 예수의 선한 일군이 되어 믿음의 말씀과 네가 좇은 선한 교훈으로 양육을 받으리라 ⁷망령되고 허탄한 신화를 버리고 오직 경건에 이르기를 연습하라 ⁸육체의 연습은 약간의 유익이 있으나 경건은 범사에 유익하니 금생과 내생에 약속이 있느니라 ⁹미쁘다 이 말이여 모든 사람들이 받을 만하도다 ¹⁰이를 위하여 우리가 수고하고 진력하는 것은 우리 소망을 살아계신 하나님께 둠이니 곧 모든 사람 특히 믿는 자들의 구주시라 ¹¹네가 이것들을 명하고 가르치라 ¹²누구든지 네 연소함을 업신여기지 못하게 하고 오직 말과 행실과 사랑과 믿음과 정절에 대하여 믿는 자에게 본이 되어 ¹³내가 이를 때까지 읽는 것과 권하는 것과 가르치는 것에 착념하라 ¹⁴네 속에 있는 은사 곧 장로의 회에서 안수 받을 때에 예언으로 말미암아 받은 것을 조심 없이 말며 ¹⁵이 모든 일에 전심전력하여 너의 진보를 모든 사람에게 나타나게 하라 ¹⁶네가 네 자신과 가르침을 삼가 이 일을 계속하라 이것을 행함으로 네 자신과 네게 듣는 자를 구원하리라

1. 사도 바울이 권면한 효과적인 양육의 두 가지 방법은 무엇입니까? (6절)

   ①
   ②

2. 12절을 참고할 때 가르치는 사람에게 요구되는 덕목들은 무엇입니까?

3. 15절에 나타난 가르치는 사람이 전심전력하여야 할 '모든 일' 이란 무엇을 가리키는지 적어보십시오. (13-14절)

4. 이러한 가르침과 양육의 궁극적인 목적은 무엇입니까? (16절)

   그리고 그 대상은 누구입니까?

   _____ 와 _____

9강 새신자를 양육하는 삶

새신자를 양육하는 삶에 대한 연구

1. 새신자 정착과 양육의 중요성

이 세상에서 마지막 주님의 명령은 "너희는 가서 모든 족속으로 제자를 삼아 아버지와 아들과 성령의 이름으로 세례를 주고 내가 너희에게 분부한 모든 것을 가르쳐 지키게 하라."는 것이었습니다(마 28:19-20). 여기서 '제자를 삼는다'는 것은 복음을 전하여 회심시키고 양육하는 전 과정을 말합니다. 전도가 씨를 뿌리는 것이라면 새신자 정착은 열매를 맺게 하는 것과 같습니다.

2. 새신자 정착 요건

1) 새신자를 환영하는 교회가 되어야 합니다

새신자가 교회에 정착하는 비율은 목회자와 기존 성도들이 새신자에 대해서 얼마나 적극적이냐에 따라서 좌우됩니다. 교회는 기존 신자들만을 철저하게 보호하는 요새(fortress)가 아니라 새신자나 불신자를 위해 사단의 세력과 대항하여 싸우는 하나님의 군대(force)가 되어야 합니다. 새신자를 환영하는 교회는 새신자를 이해하는 교회요 새신자에게 절대 가치를 부여하는 교회입니다.

2) 머무르게 하는 힘(keeping power)을 가져야 합니다

교회성장과 전도는 교회의 '머무르게 하는 힘'에 달려 있습니다. 머무르게 하는 힘은 바로 우정과 친절입니다. 새신자를 아웃사이더가 아닌 가족(인사이더)으로 받아들이는 실제적 지침은 다음과 같습니다.

① 자신들끼리만 아는 농담이나 은어를 피하십시오.
② 방문객이나 늦는 사람을 위해 좌석을 여유있게 준비하십시오.
③ 친한 사람들끼리만 모이지 않도록 인위적으로 섞어서 그룹을 나누십시오.
④ 소그룹 성경공부를 할 때에는 항상 이전 것을 간단하게 복습하는 시간을 가지십시오.
⑤ 본인들의 의사와 관계 없이 기도를 시키거나 성경을 읽게 하지 마십시오.

3) 사랑의 섬김이 필요합니다

가정에 아기가 생기면 모든 가족들은 그 아기를 중심으로 움직이게 됩니다. 새신자도 마찬가지입니다. 교회의 기존 신자들은 새신자를 중점적으로 배려하고 섬겨야 합니다. 교회의 유익을 위해서라기 보다는 새신자의 영혼을 얻기 위함입니다.

4) 실질적인 투자가 필요합니다

현대인들은 대부분 좋은 설교, 좋은 사람들, 좋은 시설을 갖춘 교회를 선호합니다. 새신자가 부담 없이 접근할 수 있도록 주보를 새롭게 디자인한다든지, 새신자를 위한 주차공간 예배 시간 동안 아이들을 돌보아줄 수 있는 유아실, 새신자를 위한 전용 접대실, 교육 장소, 가능하다면 음향시설 등의 재정비도 고려해보면 좋을 것입니다. 또한 새신자를 정착시키기 위한 새신자 특공대와 새신자 양육자를 키우는 일은 절대적으로 필요한 일입니다.

3. 새신자 양육의 원리

새신자 정착은 초청보다 양육이 더 중요합니다. 양육을 제대로 하면 양육을 받은 사람이 자연스럽게 또 다른 새신자를 초청하는 영적 재생산의 싸이클이 나타나기 때문입니다. 새신자 양육의 성경적 원리는 에베소서에 다섯 가지로 잘 나타나있습니다.

1) 구원의 확신 (엡 2:8) : 교회출석이 목표가 아니라 개인적으로 예수 그리스도를 영접하여 죄사함을 받고 구원의 확신을 가지게 해야 합니다.

2) 은사의 발견과 활용 (엡 4:7) : 구원의 확신 다음으로 중요한 것은 은사의 확신입니다. 성령의 체험을 통해 은사의 확신이 생기면 자발적인 헌신과 봉사가 가능해집니다.

3) 올바른 성경 교육 (엡 4:13) : 성경 공부는 신앙 생활의 기초공사입니다. 기반이 튼튼하고 바르게 다져져야 그 위의 건물도 튼튼하고 바르게 세워질 수 있습니다.

4) 인격의 열매 (엡 2:22) : 새신자가 예수 그리스도의 능력 뿐 아니라 그 분의 인격을 함께 배울 수 있도록 양육해야 합니다. 즉, 삶이 변화되고 구원에 합당한 열매를 맺도록 해야 합니다.

5) 전도 (엡 3:7) : 새신자 양육의 마지막 목표는 그가 다른 사람을 전도하여 영적 재생산을 할 수 있는 능력을 구비하도록 하는 것입니다. 생명있는 신자는 재생산하기 마련입니다.

적용과 실천

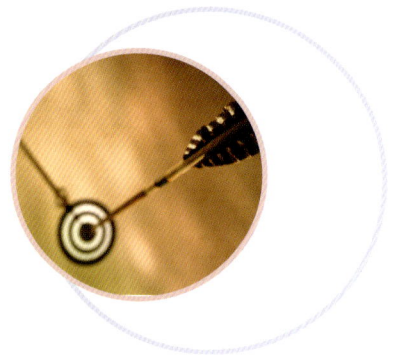

실천합시다

1. 오늘 새롭게 배우고 깨닫게 된 부분이 무엇입니까? 옆 사람과 진지하게 나누고 그것을 자신의 삶에 적용할 수 있도록 기도하십시오. (2분)

2. 최근 1년간 여러분이 직접 전도했거나 새롭게 교회에 출석한 사람 가운데 기억나는 사람들의 이름과 신앙 상태를 기록해 보십시오.
    예) 이름 : 이영기   신앙 상태 : 아직까지 구원의 확신이 없다.
    ① 이름 :   신앙 상태 :
    ② 이름 :   신앙 상태 :
    ③ 이름 :   신앙 상태 :
    ④ 이름 :   신앙 상태 :

3. 위의 사람들 중에서 중보기도가 필요한 사람이 있다면 그 내용을 기록하고 기도하는 시간을 가지십시오. (3분)

4. 여러분의 현 위치에서 새신자들을 위해 실제적으로 할 수 있는 일들이 무엇인지 생각하고 기록해 보십시오.

추천 도서

명성훈, 「뒷문을 막아라」, 크레도, 1996.

교회성장의 Key

> "교회가 먼저 새신자의 필요를 채우라
> 그리하면
> 새신자가 교회의 필요를 채워 줄 것이다."

✚ 말을 조심하십시오

제10강

축복하고 칭찬하는 삶

>>> 들어가면서

어느 시골의 작은 성당에서 있었던 일입니다. 신부를 돕고 있던 한 소년이 실수로 성찬에 사용할 포도주 잔을 떨어뜨렸습니다. 그것을 본 신부는 소년의 뺨을 때리며 소리를 질렀습니다. "어서 물러나라. 그리고 다시는 제단 앞에 오지마!" 그 소년은 신부의 말대로 다시는 성당에 들어가지 않았습니다. 이 소년의 이름은 티토입니다. 그는 공산주의의 대지도자인 유고 대통령이 되었습니다.

다른 도시의 성당에서 미사를 돕던 소년 하나가 역시 실수로 성찬용 포도주 그릇을 떨어뜨렸습니다. 신부는 어찌할 바를 모르고 서 있는 소년을 이해와 동정의 눈으로 바라보며 조용히 속삭여 주었습니다. "음... 네가 앞으로 신부가 되겠구나." 이 소년이 유명한 훌톤 쉰 대주교(Archbishop Fulton Sheen)입니다.

티토 대통령은 그 신부의 말대로 제단 앞에서 물러가 하나님을 비웃는 공산주의 지도자가 되었고, 쉰 대주교 그 말대로 하나님의 일꾼이 되었습니다.

▷ 여러분은 이 글을 읽고 무엇을 느끼셨습니까? 평소 여러분의 언어생활에 대해 곰곰이 생각해 보십시오.

축복하고 칭찬하는 삶

여러분은 긍정적인 언어 생활을 하고 계십니까?

전혀 아니다 ◁─▷ 매우 그렇다

1. 하루를 살아가면서 불평하는 횟수보다 감사하는 횟수가 많다.　　1 2 3 4 5

2. 하루에 한번 이상 다른 사람의 장점을 칭찬하려고 노력한다.　　1 2 3 4 5

3. 가족들과 생활하면서 일상적인 대화를 나누는데 그치지 않고 마음을 열고 보다 솔직하게 대화하며 의견을 교환하는 편이다.　　1 2 3 4 5

4. 개인 기도시간에 가족 한명 한명의 이름을 부르며 축복 기도를 한다.　　1 2 3 4 5

5. 주변 사람들을 대할 때 그들의 약점과 단점을 덮어주려고 노력한다.　　1 2 3 4 5

6. 다른 사람이 일을 잘했을 때 진심에서 우러난 칭찬을 한다.　　1 2 3 4 5

7. 운전 중 다른 사람과 시비가 벌어졌을 때 상대방을 모독하는 말을 자제하는 편이다.　　1 2 3 4 5

8. 나의 말로 인해 다른 사람이 상처를 입는 경우는 별로 없다.　　1 2 3 4 5

9. 내가 쓰는 주일언어와 평일언어는 별 차이가 없다.　　1 2 3 4 5

10. 나의 격려와 충고 때문에 위로와 힘을 얻었다는 사람을 여러 명 헤아릴 수 있다.　　1 2 3 4 5

평가해 보십시오.

각 문항마다 체크한 점수를 합산하십시오.　　나의 점수 (　　　)점

성경과의 만남

에베소서 4장 25절에서 32절까지 읽어보십시오.

²⁵그런즉 거짓을 버리고 각각 그 이웃으로 더불어 참된 것을 말하라 이는 우리가 서로 지체가 됨이니라 ²⁶분을 내어도 죄를 짓지 말며 해가 지도록 분을 품지 말고 ²⁷마귀로 틈을 타지 못하게 하라 ²⁸도적질하는 자는 다시 도적질 하지 말고 돌이켜 빈궁한 자에게 구제할 것이 있기 위하여 제 손으로 수고하여 선한 일을 하라 ²⁹무릇 더러운 말은 너희 입 밖에도 내지 말고 오직 덕을 세우는 데 소용되는 대로 선한 말을 하여 듣는 자들에게 은혜를 끼치게 하라 ³⁰하나님의 성령을 근심하게 하지 말라 그 안에서 너희가 구속의 날까지 인치심을 받았느니라 ³¹너희는 모든 악독과 노함과 분냄과 떠드는 것과 훼방하는 것을 모든 악의와 함께 버리고 ³²서로 인자하게 하며 불쌍히 여기며 서로 용서하기를 하나님이 그리스도 안에서 너희를 용서하심과 같이 하라

1. 이웃을 대하여 참된 말을 할 수 있는 근거는 우리가 어떤 신분으로 바뀌었기 때문입니까? (24절, 엡 5:8-9 참조)

   ① _____을 입었기 때문
   ② _____의 _____이기 때문

2. 29절에 나오는 "더러운 말"은 구체적으로 어떤 말을 가리킵니까? (엡 5:4 참조)

   또한 이러한 언어 생활은 궁극적으로 누구를 근심하게 만듭니까? (30절)

3. 우리가 선한 말을 할 때 생기는 결과는 무엇입니까? (29절)

4. 부정적인 언어 생활을 하게 되는 원인은 무엇입니까? (31절; 마 12:34 참조)

5. 언어 생활에 도움을 줄 수 있는, 남을 칭찬하고 축복하는 세 가지 태도는 무엇입니까? (32절)

   ① _____
   ② _____
   ③ _____

10강 축복하고 칭찬하는 삶

축복하고 칭찬하는 삶에 대한 연구

1. 축복하고 칭찬하는 삶의 중요성

주님은 우리를 정죄하지 않으십니다(요 8:11). 우리를 용서하시고 용기를 주셔서 복된 삶을 살아가도록 하십니다. 그러므로 그리스도인들은 주께서 우리를 용납하시고 소망을 주신 것처럼 서로를 축복하고 칭찬하는 것이 마땅한 도리입니다.

사람의 말은 그 사람의 내면세계가 어떠한 것인지를 반영해 줍니다(마 12:34). 긍정적인 언어, 격려하는 언어는 천국의 언어입니다. 반대로 사람을 정죄하고 비난하고 절망케 하는 언어는 마귀의 성품에 속합니다(약 3:6). 주님의 몸된 교회에서 발생하는 분쟁의 대부분이 잘못된 '말'에서 비롯된다는 것을 생각할 때, 잘못된 언어는 하나님의 일을 방해하는 결과를 가져옵니다. 타인에 대한 나쁜 소문을 퍼뜨리고 잘못을 비난하며 낙심케하는 사람은 결국 자기 스스로에게 그런 행동을 하는 것입니다. 우리 모두는 궁극적으로 주님으로부터 자신의 판단의 잣대에 따라 평가받을 것이기 때문입니다(마 7:2).

2. 복된 언어 생활의 특징

1) 경우에 합당한 말을 하고 쓸데없는 말을 많이 하지 않습니다(잠 25:11).
2) 불평하지 않고 오히려 감사하는 말을 합니다(시 79:13; 엡 5:4).
3) 다른 사람의 약점을 덮어주고 가급적 다툼을 일으키는 말은 피합니다(잠 17:9; 잠 25:9).
4) 화가 나더라도 과격한 표현을 자제하고 사려깊고 신중하게 말합니다(잠 15:1-2).
5) 다른 사람의 장점과 선행을 적극적으로 칭찬하고 격려합니다(히 10:24).
6) 까닭없이 핍박을 당하게 되더라도 기도함으로 문제를 해결합니다(롬 12:14; 눅 6:28).
7) 그리스도인에게 축복의 권한이 주어진 것을 기억하고 적극적으로 이를 실천합니다(벧전 3:9).

3. 효과적인 칭찬(PRAISE)의 방법

1) 개인적인 칭찬을 하십시오 (Personalize)
당사자에게만 해당되는 특별하고 독창적인 말을 생각해 내고 그 사람의 이름을 부르며 칭찬하십시오.

2) 타인의 장점을 알아내십시오 (Recognize)
다른 사람들의 좋은 점들을 찾아내고, 그 사람에게 동기를 부여하고 가치를 인정하는 말로 칭찬하십시오.

3) 분석하십시오 (Analyze)
칭찬하기 전에 칭찬 듣는 사람이 얼마나 잘 받아들일지 분석해야 합니다. 상대방이 듣기에 어색하고 듣기 거북한 칭찬이 되지 않도록 해야 합니다.

4) 즉석에서 하십시오 (Improvise)
다음에 하겠다고 미루지 말고 즉석에서 칭찬을 해야 합니다. 즉석에서 하는 칭찬은 그 효과를 극대화시킵니다.

5) 구체적으로 하십시오 (Specify)
단순히 "잘했다"라고 말하는 것은 칭찬의 위력을 반감시킵니다. 칭찬받는 사람이 구체적으로 잘한 항목을 언급하면서 칭찬해야 합니다.

6) 표현을 연습하십시오 (Express-exercise)
칭찬을 의무로 생각하지 말고 자신에게 주어진 권리라고 생각하십시오. 날마다 의식적으로 다른 사람의 장점을 찾아서 칭찬하는 일을 습관화하는 것이 바람직합니다.

4. 교회 안에서의 언어 생활

목회자의 잘못이나 교회의 문제들은 교회 내의 지혜와 연륜을 가진 지도자들과 상담이나 의논하는 것이 아니고는 입에 올리는 일이 없어야 교회가 평안합니다. 부정적인 이야기는 전염성이 있어서 아무리 작은 것이라도 서로를 망치고 교회생활에 비판적이 되게 합니다. 비판적인 자세로 하는 교회생활은 결코 행복할 수 없습니다. 서로를 축복하고 칭찬하고 인정하는 자세로 신앙생활을 해야 자신에게도, 다른 지체에게도, 교회에도 유익이 되는 것입니다.

적용과 실천

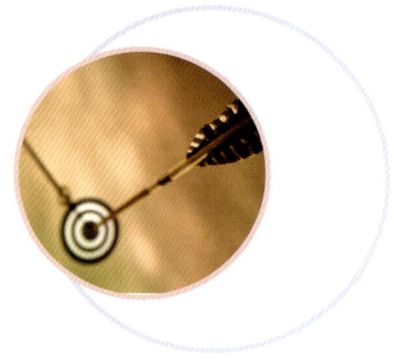

실천합시다

1. 오늘 새롭게 배우고 깨닫게 된 부분이 무엇입니까? 옆 사람과 진지하게 나누고 그것을 자신의 삶에 적용할 수 있도록 기도하십시오. (2분)

2. 효과적인 칭찬의 방법 중에서 기억에 남는 것을 한 가지 이상 적어보십시오.

   이것을 잘 활용할 수 있도록 기도하십시오. (2분)

3. '혀'를 제어하는 것이야말로 진정한 경건의 모습이며 공동체를 견고하게 하는 일입니다(잠 10:19). 교회 내에서 잘못된 언행으로 인해 생긴 문제들이 치유되고 개선되도록 합심으로 기도하십시오. (3분)

4. 칭찬할 대상을 적어 보십시오. 구체적으로 누구의, 어떤 부분을, 어떻게 칭찬하고 축복할 것인지 구상한 후 아래에 적어보십시오.

추천 도서
제리 D. 드웬티어, 「칭찬의 위력」, 기독교문사, 1996.

교회성장의 Key

우리 아이들, 아내, 남편, 친구들은 얼마나 소중한 사람들인가? 소중하다고 느끼는 것만으로는 충분치 못하다. 우리는 그들을 세워주어야 한다. 그들의 삶이 흔들리지 않도록 세워주어야 한다. 그래서 우리는 '소중한 사람 세우기'를 배워야 한다. 소중한 사람들을 축복하는 것이 우리들의 손에 달렸다. 그들을 인정해주고, 좋은 점을 찾아서 격려해주고, 그들이 미래에 관심을 두고, 그들을 마음을 다해 꼭 껴안아주고, 이런 관계를 통해서 우리의 소중한 사람들은 우뚝 서게 된다. 그리고 우리도 그들과 함께 우뚝 서게 된다.

– 게리 스맬리 · 존 트렌트, 「축복의 선물」 중에서

✚ 소그룹에 참여하십시오

제11강
코이노니아를 이루는 삶

>>> 들어가면서

다음의 두 가지 상황을 비교해 보십시오.

상황 1) 몇 명의 그리스도인들이 차를 마시며 대화를 나누고 있습니다. 대화의 주제는 지난 주에 있었던 농구 경기 이야기와 연예인의 스캔들, TV 연속극 줄거리입니다. 그리고나서 한 사람이 최근에 유행하고 있는 유머 시리즈의 한 토막을 이야기합니다. 모두들 신나게 웃고 떠들고 있습니다.

상황 2) 십여 명의 여성 성도들이 빵과 떡, 과일 등을 조금씩 들고 M집사의 집에 모였습니다. 어떤 사람은 사업상의 어려움을 당하고 있는 M집사를 위로하기 위해서 꽃다발을 준비했습니다. 간식을 나누며 지난 주간에 있었던 생활 주변의 이야기를 하면서 모임을 시작합니다. 주일 설교에서 받은 은혜를 나누기도 합니다. 그리고 찬양과 기도를 드리다가 일주일 동안 큐티(Q.T.)한 것을 나눕니다. 몸이 아프거나 개인적으로 어려운 상황에 처한 사람이 있으면, 가운데 앉힌 후 중보기도하는 시간을 갖기도 합니다.

▷ 여러분은 위의 두 상황 중에서 어떠한 상황에 익숙해져 있습니까? 그 이유는 무엇입니까?

코이노니아를 이루는 삶

여러분은 믿음 안에서 교제하는 삶을 살고 계십니까?

전혀 아니다 ↔ 매우 그렇다

1. 혼자 있을 때의 편안함뿐만 아니라 함께 모일 때 누리는 풍성함의 기쁨도 귀하게 생각한다.   1 2 3 4 5

2. 나를 위해서 기도해 주고, 또 내가 기도해 주는 기도동역자가 있다.   1 2 3 4 5

3. 그리스도 안에서 순수하게 우정과 교제를 나누는 사람이 많다.   1 2 3 4 5

4. 개인적으로, 또는 집안에 일이 있을 때면 여러 명이 와서 도와준다.   1 2 3 4 5

5. 학교나 직장, 또는 교회 내에 정기적으로 참여하고 있는 기독교 소그룹 모임이 있다.   1 2 3 4 5

6. 그 모임에 참여하는 것이 기쁨이 되고 항상 기대가 된다.   1 2 3 4 5

7. 우리 소그룹 모임에서는 개인적인 고민을 부담없이 나눌 수 있다.   1 2 3 4 5

8. 우리 소그룹 모임은 말씀, 기도, 교제, 선교가 균형을 이루고 있다.   1 2 3 4 5

9. 우리 교회는 각종 소그룹 모임(구역, 속회 등)이 활성화되어 있다.   1 2 3 4 5

10. 우리 교회는 소그룹 리더를 위한 정기적인 교육과 훈련 프로그램을 실시하고 있다.   1 2 3 4 5

평가해 보십시오.

각 문항마다 체크한 점수를 합산하십시오.   나의 점수 (   )점

성경과의 만남

고린도전서 12장 14절에서 27절까지 읽어보십시오.

¹⁴몸은 한 지체뿐 아니요 여럿이니 ¹⁵만일 발이 이르되 나는 손이 아니니 몸에 붙지 아니하였다 할지라도 이로 인하여 몸에 붙지 아니한 것이 아니요 ¹⁶또 귀가 이르되 나는 눈이 아니니 몸에 붙지 아니하였다 할지라도 이로 인하여 몸에 붙지 아니한 것이 아니니 ¹⁷만일 온 몸이 눈이면 듣는 곳은 어디며 온 몸이 듣는 곳이면 냄새 맡는 곳은 어디뇨 ¹⁸그러나 이제 하나님이 그 원하시는 대로 지체를 각각 몸에 두셨으니 ¹⁹만일 다 한 지체뿐이면 몸은 어디뇨 ²⁰이제 지체는 많으나 몸은 하나라 ²¹눈이 손더러 내가 너를 쓸데 없다 하거나 또한 머리가 발더러 내가 너를 쓸데 없다 하거나 하지 못하리라 ²²이뿐 아니라 몸의 더 약하게 보이는 지체가 도리어 요긴하고 ²³우리가 몸의 덜 귀히 여기는 그것들을 더욱 귀한 것들로 입혀주며 우리의 아름답지 못한 지체는 더욱 아름다운 것을 얻고 ²⁴우리의 아름다운 지체는 요구할 것이 없으니 오직 하나님이 몸을 고르게 하여 부족한 지체에게 존귀를 더하사 ²⁵몸 가운데서 분쟁이 없고 오직 여러 지체가 서로 같이하여 돌아보게 하셨으니 ²⁶만일 한 지체가 고통을 받으면 모든 지체도 함께 고통을 받고 한 지체가 영광을 얻으면 모든 지체도 함께 즐거워하나니 ²⁷너희는 그리스도의 몸이요 지체의 각 부분이라

1. 사도 바울이 고린도 교인들에게 사용한 '몸'과 '지체'란 단어는 각각 무엇을 상징하고 있습니까? (27절)

2. 몸 안에서의 조화를 깨뜨리는 태도나 행동에는 어떤 것이 있습니까? (15-16절, 21절)

3. 성령께서 하나되게 하신 몸의 연합을 지킬 수 있는 방법은 무엇입니까? (엡 4:2-3 참조)
   ① 23절 :
   ② 25절 :
   ③ 26절 :

4. 코이노니아는 하나님께서 나에게 주신 것을 다른 사람들과 나누는 것입니다. 다음 말씀을 통해 나눠야 할 것과 그것을 구체적으로 나눌 수 있는 방법을 기록해 보십시오.

말 씀	나눠야 할 것	나눌 수 있는 방법
요한일서 4:11,21		
갈라디아서 6:6		
야고보서 5:16		

코이노니아에 대한 연구

1. 코이노니아(κοινωνια)란?

코이노니아는 ① 교제, 친밀한 상호관계(fellowship, a close mutual relationship: 요일 1:3; 고전 1:9), ② 함께 나눔(sharing in: 갈 6:6; 고후 8:4), ③ 협력(partnership: 빌 2:1), ④ 연보(contribution: 고후 9:13) 등의 뜻을 가지고 있습니다. 즉, 어떤 사람과 연관을 맺고 그 일에 동참하는 것, 또는 영적인 연합이나 상관관계를 의미합니다.

성경에서는 예배와 교육을 위해서 정기적으로 모이고(행 2:42; 히 10:25), 자발적으로 자기의 재산을 다른 그리스도인들과 나누며(행 2:44), 교회가 연합하여 가난한 교회들을 돕고(롬 15:26), 교회가 교역자를 재정적으로 지원하는(빌 1:5) 부분에서 이 단어를 사용하고 있습니다.

2. 코이노니아의 중요성

1) 코이노니아는 하나님의 뜻입니다 (요일 1:1-7)

하나님께서는 교제하시기 위해 인간을 창조하셨습니다. 독생자 예수님을 이 땅에 보내신 것도 죄로 인해 불가능해진 인간과의 교제를 회복하기 위해 화목제로 삼으시기 위함이었습니다. 우리가 하나님을 사랑하기 전에 하나님께서 우리를 먼저 사랑하셨습니다. 우리가 하나님의 사랑에 반응하여 그분을 사랑하게 되면 그분과 코이노니아를 가지게 되는 것입니다. 그리고 우리 속에 계시는 성령께서 다른 사람들에게 하나님의 사랑을 베풀도록 해주십니다. 사람들이 우리의 교제 속으로 들어오면 그 결과 그들도 하나님 아버지와 그의 아들되신 예수 그리스도와 교제를 가지게 되는 것입니다.

2) 영적성장을 위한 필수요소입니다 (잠 27:17)

모든 그리스도인은 그리스도의 몸의 일부로서 그리스도와, 그리고 다른 그리스도인들과 연합하고 있습니다. 우리는 서로의 지체가 되기 때문에 서로 의지하는 관계로 연결되어 있습니다. 따라서 영적성장은 코이노니아 속에 거할 때 가능합니다.

3) 죄의 유혹에 빠지지 않기 위함입니다 (히 10: 24-25; 3:13)

죄악이 관영하고 있는 세상에서 하나님께 대한 믿음을 지키기 위해서는 성도간의 권면과 도움이 필요합니다. 사탄은 언제나 홀로 있는 연약한 자를 집요하게 공격합니다. 서로를 위해 기도하고 도와줄 때 죄의 세력에 효과적으로 대항할 수 있습니다.

3. 소그룹과 코이노니아(행 2:42-47)

모든 소그룹은 소그룹의 필수 요소인 양육, 예배, 교제, 선교가 균형을 이룰 때 진정한 코이노니아 그룹이 될 수 있습니다. 이 모습을 초대교회에서 찾아볼 수 있습니다.

1) 양육 : 초대교회의 교인들은 사도들의 가르침을 받는데 힘썼습니다 (42절)

소그룹 성경공부는 강의식보다는 토의식으로 진행되는 것이 바람직합니다. 소그룹의 가장 큰 장점은 나눔의 시간(sharing)이라고 할 수 있는데, 이 시간을 통해 다른 사람들을 이해하고 새로운 생각들을 배울 수 있습니다.

2) 예배 : 기쁨과 순전한 마음으로 하나님을 찬양했습니다 (46-47절)

소그룹에서의 예배란 그 소그룹의 중심에 하나님을 모시는 것을 말합니다. 소그룹에서는 다양하고 창의적인 예배를 드릴 수 있습니다. 찬송가를 부르고 기도하는 형식으로 예배드릴 수도 있습니다. 손을 들거나 춤을 추면서 찬양할 수도 있습니다.

3) 교제 : 물건을 공동으로 소유하고 재산을 팔아서 나누어주었습니다 (44-45절)

공동체적 삶은 서로의 부족함을 솔직히 나누고, 죄와 허물을 고백하며, 서로의 짐을 져주고, 서로 중보기도를 해주고, 자신의 소유를 나눌 때 온전해집니다.

4) 선교 : 소그룹의 목적은 다른 사람들에게 그리스도를 전하는 것입니다 (43-47절)

선교란 그리스도의 복음과 사랑을 필요로 하는 사람들에게 그것을 전하는 것입니다. 그리스도인은 개인적인 차원에서만 아니라 공동체의 차원에서도 다른 사람들에게 나아갈 수 있어야 합니다.

4. 소그룹을 진정한 공동체로 세우기 위한 방법

① 서로에 대해 알 수 있는 **시간**을 가지라.
② 서로의 **다양성**을 인정하라.
③ 각 개인의 필요에 대해 **관심**을 가지라.
④ 소그룹에서 **기대**하는 바에 대하여 서로 나누라.

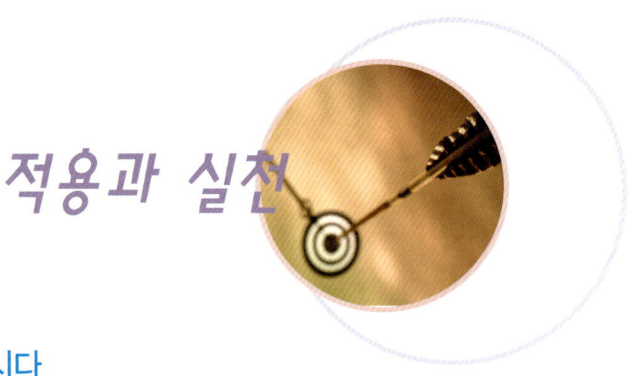

적용과 실천

실천합시다

1. 이 시간에 서로를 알고 친숙해지는 시간을 가질 수 있습니다. 우선 5-6명씩 소그룹으로 모이고 리더를 한 사람 정하십시오. 백지에 각자 지난 신앙생활의 여정을 선 그래프로 표시하게 합니다. 그 당시의 상태를 솔직하게 표시하고 각자 돌아가면서 그 내용을 이야기합니다.

2. 코이노니아는 "함께 나누는" 것입니다. 다른 사람들과 함께 나눌 수 있는 것이 무엇인지 실제적인 방법을 기록해 보십시오. 다음 시간에 모일 때 자기가 가지고 있는 것 중에서 하나를 준비하여 옆의 사람과 나누는 방법도 있을 것입니다(예; 볼펜, 손수건, 책 등).

3. 여러분이 소속되어 있는 소그룹(구역, 선교회, 성경공부 모임 등)에는 서로간에 친밀한 관심과 배려가 있습니까? 자신의 시간과 재물과 소유를 헌신하여 궁핍한 가운데 있는 교우를 도울 수 있습니까? 그런 소그룹 모임이 될 수 있도록 내가 할 수 있는 일을 기록해 보십시오.

추천 도서

론 니콜라스 외, 「소그룹 운동과 교회성장」, IVP, 1993.

교회성장의 Key

> 교회는 그리스도의 몸입니다. 모든 그리스도인은 몸의 지체이며 유기체입니다. 그리고 그리스도께서 친히 머리가 되셔서 몸의 모든 활동을 통제하십니다. 모든 기관이 다 같은 기능을 가진 것은 아니지만 몸을 최대한 건강하게 하고 쓸모있게 하기 위해서는 그 하나하나가 다 필요합니다. 더구나 그 몸 전체는 공통된 생명을 통해 생기를 얻습니다. 이것이 바로 성령이십니다. 그의 임재하심이 우리를 한 몸으로 만듭니다.
>
> —존 스토트

✚ 교회 밖의 신자가 되십시오

제12강
신앙을 생활화하는 삶

>>> 들어가면서

다음은 미국 그레이스 채플의 고든 맥도날드(Gordon MacDonald) 목사님의 경험담입니다.

"어느 날 오후 차를 타고 가면서, 나는 한 인간이 주중과 주말에 완전히 다른 두 얼굴이 되는 것이 얼마나 쉬운 것인가를 보았다. 내 운전이 마음에 안들었는지 내 차뒤에 있던 운전자가 경적을 울리더니 앞 유리를 통하여 고함을 지르고 고약한 제스처를 취하는 것이었다. 몇 초 후에 나는 그가 우리 교회 성도인 것을 알아보았다. 그는 지난 주에 교회 문 앞에서 활기차게 악수를 청하며 내 설교에서 깨달은 능력 있는 축복에 관해 확신시켜 주던 바로 그 성도였다. 주일에는 따뜻한 악수, 평일에는 고약한 제스처라니!"

▷ 여러분은 이 글을 읽고 무엇을 느끼셨습니까? 느낀 점을 서로 나누어 보십시오.

신앙을 생활화하는 삶

여러분의 신앙과 생활은 일치하고 있습니까?

전혀 아니다 ↔ 매우 그렇다

1. 주일과 평일이 단절되지 않고 일관성있는 삶을 살아가고 있다.　　1 2 3 4 5

2. 해당 분야에서 성실함을 유지하며 자기개발에도 소홀히 하지 않는다.　　1 2 3 4 5

3. 일상적인 생활 가운데 자주 하나님의 임재와 섭리를 느낀다.　　1 2 3 4 5

4. 나보다 낮은 지위에 있는 사람들에게 관대하려고 노력한다.　　1 2 3 4 5

5. 내 주위 사람들에게 복음전하는 일을 두려워하지 않는다.　　1 2 3 4 5

6. 최근에 나로 인해 내가 처한 곳에서 긍정적인 변화가 일어나고 있다.　　1 2 3 4 5

7. 주변 사람들이 자주 내게 도움과 조언을 청한다.　　1 2 3 4 5

8. 무슨 일을 하든지 목표 못지않게 과정과 동기를 중요시 여긴다.　　1 2 3 4 5

9. 다른 사람에게 약속한 일을 약속한 시간에 끝내는 성실함이 있다.　　1 2 3 4 5

10. 불신자들만이 있는 장소에서도 부끄러워하지 않고 떳떳하게 크리스천임을 밝힐 수 있다.　　1 2 3 4 5

평가해 보십시오.

각 문항마다 체크한 점수를 합산하십시오.　　나의 점수 (　　　)점

성경과의 만남

마태복음 5장 13절에서 16절까지 읽어보십시오.

¹³**너희는** 세상의 소금이니 소금이 만일 그 맛을 잃으면 무엇으로 짜게 하리요 후에는 아무 쓸데 없어 다만 밖에 버리워 사람에게 밟힐 뿐이니라 ¹⁴**너희는** 세상의 빛이라 산 위에 있는 동네가 숨기우지 못할 것이요 ¹⁵사람이 등불을 켜서 말 아래 두지 아니하고 등경 위에 두나니 이러므로 집안 모든 사람에게 비취느니라 ¹⁶이같이 너희 빛을 사람 앞에 비취게 하여 저희로 **너희** 착한 행실을 보고 하늘에 계신 **너희** 아버지께 영광을 돌리게 하라

1. 그리스도인이 세상의 빛과 소금이라고 하신 말씀에서 알 수 있는 세상의 속성 두 가지는 무엇입니까? (요 3:19; 요일 2:16 참조)
   ① _____
   ② _____

2. 13절에 "아무 쓸데 없어 사람에게 밟힐 뿐이니라."는 말씀이 뜻하는 것은 무엇입니까? (딤전 3:7 참조)
   ① _____을 받게 된다.
   ② _____의 _____에 빠지게 된다.

3. 빛을 가리우는 방해요소를 열거해 보십시오(요 3:20; 요일 2:9 참조).

   우리의 빛을 사람 앞에 비취게 하는 방법을 적어보십시오(16절).

4. 그리스도인으로서 사람들 앞에 우리의 빛을 비추면 어떤 결과를 얻게 됩니까? (16절; 벧전 2:12 참조)

   이외에도 하나님을 영화롭게 하는 방법을 열거해 보십시오(요 17:4 참조).

12강 신앙을 생활화하는 삶

신앙을 생활화하는 삶에 대한 연구

1. 신행일치(信行一致)의 중요성

행함이 따르지 않는 믿음은 생명력이 없습니다(약 2:26). 예수님은 신앙과 행동이 일치하지 않았던 바리새인들을 책망하셨습니다(마 23:4). 일요신자들(Sunday Christian)은 '일요일은 주일! 평일은 죄일?'의 구호를 외치며 살아가는 부끄러운 모습을 보여줍니다.

하나님의 관심은 교회에만 국한되지 않습니다. 온 세계가 하나님께서 경영하시는 영역입니다(시 24:1). '그리스도인'이라고 불리우는 사람이라면(행 11:26) 자신이 처한 위치를 지키면서(고전 7:20) 경건과 선행의 모습을 보여줌으로써 하나님의 영광을 드러내어야 합니다. 자신의 영광을 드러내려는 선행은 바람직하지 않지만(마 6:1-4), 신앙과 삶이 일치하는 사람은 하나님과 사람에게 칭찬을 받을 것입니다(롬 14:18). 간접전도, 이미지 전도를 위한 최우선 순위는 바로 이 신행일치의 삶입니다.

2. 신앙을 생활화하기 위한 다섯 가지 원리

1) 능력과 실력 (ability and competence)

크리스천은 자신의 직업에서 최선을 다해야 합니다. 무능한 사람이 되어서는 안됩니다. 우리에게 공급하시는 하나님의 지혜와 총명으로 자신의 분야에서 최고가 되겠다는 소원을 가지고 끊임없이 자기를 개발해야 합니다(살전 4:11).

2) 관심과 사랑 (caring love)

어느 시대, 어느 사회이든 낮은 지위에 있는 사람들, 연약한 사람들, 경제적 능력이 모자라는 사람들은 항상 있기 마련입니다. 무정하고 무자비한 마음으로 이러한 사람을 돌아보지 않는 것은 악한 생각이라고 말씀합니다(신 15:9). 참된 경건은 세속을 멀리하는 것만이 아니라 약한 사람들을 돌보는 관심입니다(약 1:27). 그리스도인은 하나님의 온전함을 따르기 위해 자신에게는 엄격하고 타인들의 실수와 허물에 대해서는 불쌍히 여기고 관대한 마음을 가져야 합니다(마 18:33).

3) 순전함과 충성 (integrity and loyalty)

세상에는 어두움이 가득하여 진실과 거룩을 찾기 힘듭니다. 그리스도인은 윤리적인 파탄의 시대에 순전함과 충성의 본을 보여주어야 합니다. 특별히 직권 남용이나 뇌물과 같은 돈 문제에 있어서 흠 잡을 데 없어야 합니다(단 6:4). 무슨 일을 하든지 하나님을 향하여 한다는 자세를 가질 때 참된 본이 될 수 있습니다(골 3:23). 우리 삶의 궁극적인 보상은 주님께로부터 오기 때문입니다(골 3:24).

4) 변화의 지도력 (leadership for transformation)

하나님께서 우리를 이 땅에 있게 하신 것은 우리를 통하여 이루고자 하시는 뜻이 있기 때문입니다. 세상은 하나님의 자녀들로 인해 끊임없이 변화되어야 합니다. 그리스도인은 자신이 속한 조직 내에서 신중한 융통성(prudent flexibility)을 가지고서 지혜롭게 변화를 주도해 나가야 합니다. 하나님이 온 세계를 다스리시는 것을 믿고, 하나님의 뜻이 이 땅위에 이루어지기를 기도할 뿐만 아니라, 하나님의 동역자들(God's fellow workers)이 되도록 힘써야 합니다(고전 3:9).

5) 나눔의 삶 (giving)

청지기는 주인의 것을 맡아서 잘 관리하고 필요한 곳에 공급할 책임이 있습니다(눅 12:42). 우리는 생명, 시간, 재물, 재능, 자녀를 맡아 관리하도록 부르심을 받았습니다. 만물이 하나님의 것입니다(계 4:11). 신령과 진정으로 올려드리는 예배 뿐만 아니라 서로 나누어주는 일을 하나님께서는 기쁘게 열납하십니다(히 13:16).

3. 교회의 역할

그리스도의 교회는 모이는 교회일 뿐만 아니라 흩어지는 교회가 되어야 합니다. 교회 안에서만 '할렐루야, 아멘' 할 것이 아니라 교회 밖의 모든 생활터전에도 같은 소리가 울려나도록 해야 합니다. 마태복음 11장의 "오라 내가 쉬게 하리라"하는 모습일 뿐만 아니라 마태복음 28장의 "가라 내가 함께 하리라"의 교회가 되어야 합니다. "'오라'의 교회"는 믿는 자를 위한 교회요, "'가라'의 교회"는 불신자를 위한, 지역사회를 향한 교회입니다. 이 두 모습을 균형있게 유지하는 교회가 성장하는 교회요, 건강한 교회입니다.

사회 구조와 문화가 힘들고 어려워질수록 모든 교회는 빛과 소금의 역할을 다하도록 성도들을 깨우고 가르치며 세상에 내보내야 합니다. 교회 안과 교회 밖의 생활에 차이가 나는 이른바 이원론적 신앙생활을 극복하는 성도들이 늘어갈 때 우리의 직장과 일터가 또 다른 교회로 변하는 일들이 생겨나게 될 것입니다.

적용과 실천

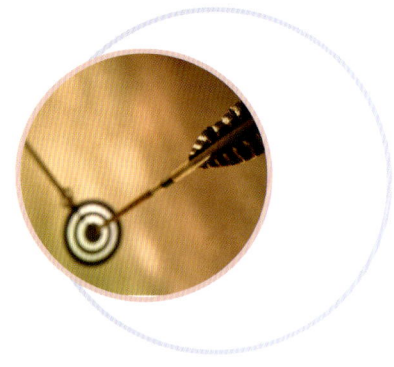

실천합시다

1. 오늘 새롭게 배우고 깨닫게 된 부분이 무엇입니까? 옆 사람과 진지하게 나누고 그것을 자신의 삶에 적용할 수 있도록 기도하십시오. (2분)

2. 신앙의 생활화 5대 원리 중에서 자신에게 가장 아쉬운 부분이 무엇인지 적어보고 이를 위해 하나님의 도우심을 구하는 기도를 드리십시오. (3분)

3. 신앙의 생활화를 위해 이번 한 주간 동안 적용하기로 결심한 구체적인 항목들을 적어보십시오.

    이것을 실천할 용기와 지혜를 공급받도록 합심으로 기도하십시오. (3분)

추천 도서

고든 맥도날드, 「현실세계, 믿음, 진정한 그리스도인」, 하늘사다리, 1998.
찰스 쉘돈, 「예수님이라면 어떻게 하실까?」, 예찬사, 1988.

교회성장의 Key

교회에 다니는 사람에게 주일 아침은 세상의 염려에서 벗어나 영적인 일들을 생각하는 시간이다. 주일 예배는 세상으로부터의 피난처가 된다. 크리스천들에게 주일의 경험이 평일의 경험과 어떻게 연결되느냐고 물으면 주일에는 주로 엿새를 살아갈 힘을 얻는다고 대답한다. 그렇지만 평일의 삶에 어떤 방식으로 나타나느냐고 물으면 우물쭈물한다.

– 윌리엄 디일, 「일요일은 주일! 평일은 죄일?」 중에서

해답편

제1강

p. 9 성경과의 만남
1. ① 세례 요한, 엘리야, 예레미야, 선지자 중의 하나
   ② 주는 그리스도시요 살아계신 하나님의 아들 하늘에 계신 아버지 하나님
2. 예수 그리스도
3. "음부의 권세가 이기지 못하리라."는 표현을 통해
4. 구원

p. 11 주제연구
1) 새사람 2) 그리스도 3) 성전, 집
4) 왕 5) 신부 6) 가족 7) 무리, 양떼

제2강

p. 15 성경과의 만남
1. ① 회개 ② 구원
2. 42절: 온 회중이 목회자의 말씀을 사모하며 성도들간의 교제와 음식을 나누는 것, 기도하는 일에 열심을 냈다.
   43절: 성도들마다 경외감이 있었으며 목회자로 인해 많은 기적과 역사들이 나타났다.
   44절: 모든 성도들이 함께 모여 모든 물건을 서로 공동으로 사용했다.
   45절: 자신의 재산과 소유를 처분해서 그것을 필요로 하는 사람들에게 나누어 줬다.
   46절: 날마다 교회에 모이기를 힘쓰고, 집에 돌아가서는 기쁨과 순수한 마음으로 다 함께 음식을 먹었다.
   47절: 하나님을 찬양하며, 모든 사람들로부터 칭찬을 받았다.
3. 구원받는 사람들이 날마다 늘어났다. 하나님

p. 17 주제연구
1) 리더십 2) 성도 3) 시설
4) 조직 5) 동질성 6) 전도방법
7) 목적의식

제3강

p. 21 성경과의 만남
1. 그리스도의 장성한 분량이 충만한 것
2. 사람의 궤술(교활한 속임수)과 간사한 유혹에 빠짐, 모든 (거짓된) 교훈의 풍조에 밀려 요동하게 됨
3. ① 사랑 ② 진리
4. (교회의 머리되신) 예수 그리스도로부터 부름을 받은 모든 성도로 인해 교회는 서로 연합하고 하나가 되며, 성도들은 각자의 직분대로 사역하여 교회를 성장시키고 사랑 안에서 그리스도의 몸 된 교회를 높이게 된다.
5. 각자 발표해 볼 것

제4강

p. 27 성경과의 만남
1. 레위 족속
2. ① 모든 사람이 거룩하고 하나님과 함께 하시는 사람들인데, 어떻게 너희들만 직분을 맡은 자처럼 행동하느냐?
   ② 목회자의 영적권위를 인정하지 못하는 직분자들이 범할 수 있는 일이다.
3. ① 하나님 ② 거룩 ③ 택하신
4. ① 제사장, 백성을 대표해 하나님께 예배함
   ② 봉사자, 성막에서 봉사하는 일을 함
5. 모두 죽임을 당하게 되었다.(고라 족속은 땅이 갈라져 삼키바 되고, 불로써 이백 오십 인을 소멸하셨다)

제5강

p. 33 성경과의 만남
1. ① 제자들 ⇒ 오늘날 : 하나님께로부터 부름받은 주의 종 및 사역자
   ② 제자들을 통해 구원을 받은 교회(성도) ⇒ 오늘날 : 예수를 구주로 믿는 이 땅의 모든 교회들
2. 예수 그리스도께서 먼저 거룩하게 되심으로
3. ① 하나님께서 예수 그리스도를 이 땅에 (구세주, 메시야로) 보내셨다는 사실
   ② 하나님께서 예수 그리스도를 사랑하신다는 사실
   ③ 하나님께서 예수 그리스도를 사랑하심같이 모든 교회와 성도들을 사랑하신다는 사실
4. 각자 발표하는 시간을 갖도록 한다.

제6강

p. 39 성경과의 만남
1. 레위인
2. ① 회막에서 봉사하게 함 (15절)
   ② 이스라엘을 위해 속죄하게 함 (19절)
3. 레위인들의 절차 : 스스로 성결케 함
   아론의 역할 : 그들을 요제로 드리고 속죄하여 정결케 하는 의식을 가짐
   오늘날 : 봉사자로 세움을 입는 사람들이 거룩한 생활을 해야 할 것과 목회자가 봉사자를 임명할 때 주님과 교회를 위해 헌신하고 경건한 삶을 살기로 서약토록 하는 거룩한 의식을 집행하는 것이라고 말할 수 있다.
4. 각자 발표하는 시간을 갖는다.

p. 40 주제연구
2. 1) 드림 2) 거룩함(성결함) 3) 성령

p. 41 주제연구
4) 은사 5) 충성함 6) 기쁨
3. 1) 기쁨 2) 유익(덕) 3) 영광

제7강

p. 45 성경과의 만남
1. 온전하게 매는 띠인 사랑을 더하는 것
2. ① 남편에게 복종하는 것
   ② 아내를 사랑하는 것
   ③ 부모에게 순종하는 것
   ④ 자녀를 격노하게 하지 않는 것
3. 성실함
4. ① 주 그리스도 ② 주님

제8강

p. 51 성경과의 만남
1. 먼저 자기 자신을 주께 드렸다.
2. 예수 그리스도
3. 씨를 심고 거두는 것
4. ① 그 마음에 정한대로 해야 한다.
   ② 인색함으로나 억지로 하지 말아야 한다.
   ③ 즐겨내야 한다.
5. ① 모든 은혜를 넘치게 하셔서 ⇒ 모든 일에 항상 모든 것이 넉넉하여 ⇒ 착한 일을 넘치게 하신다.
   ② 의의 열매를 더하게 하신다.

p. 52 주제연구
2. 1) 감사함으로 2) 기쁨으로
   3) 풍성하게 4) 청지기 의식

제9강

p. 57 성경과의 만남
1. ① 믿음의 말씀 ② 선한 교훈
2. 말, 행실(행동), 사랑, 믿음, 정절(순결)에 대하여 믿는 자들에게 본이 되어야 한다.
3. 읽는 것, 권하는 것, 가르치는 것에 착념하는 것과 받은 은사를 조심해서 사용하는 것
4. 구원을 얻게 함, 양육자, 양육을 받는 자

제10강

p. 63 성경과의 만남
1. ① 새 사람 ② 빛, 자녀
2. 누추함과 어리석은 말, 희롱의 말
   하나님의 성령
3. 듣는 사람들에게 은혜를 끼치게 된다.
4. 마음 속에 악의가 가득하기 때문에
5. ① 서로 인자하게 대해야 한다.
   ② 불쌍하게 여겨야 한다.
   ③ 하나님께서 우리를 용서하심 같이 서로 용서해야 한다.

제11강

p. 69 성경과의 만남
1. 교회, 각 성도
2. 몸(교회)에 속해 있지 않다고 생각하거나 주장하는 것, 스스로 혼자로 남으려는 모습, 다른 지체를 쓸데없다고 모멸하는 것
3. ① 더 약하게 보이는 지체를 더욱 귀하게 여겨야 한다 : 봉사의식
   ② 서로 같이 하여 돌아보아야 한다 : 일체의식
   ③ 한 지체가 고통을 받으면 모든 지체도 함께 고통을 받고 한 지체가 영광을 얻으면 모든 지체도 함께 즐거워해야 한다 : 연합의식
4. 나눠야 할 것: 사랑, 좋은 것, 기도

제12강

p. 75 성경과의 만남
1. ① 어둡다. ② 부패하기 쉽다.
2. ① 비방 ② 마귀, 올무
3. ① 악을 행하는 것, 형제를 미워하는 것 등등
   ② 착한 행실을 하는 것
4. ① 하나님 아버지께서 영광을 받으신다.
   ② 하나님께서 각자에게 부여하신 사명을 충실히 이루는 일

Church Growth School

교회성장학교

```
초    판 1쇄  2002년  3월  2일
수 정 판 8쇄  2018년  3월 19일
펴 낸 곳  교회성장연구소
발 행 인  이영훈
주    간  김호성
편 집 인  김형근
```

등록번호 제12-177호
주   소 서울시 영등포구 여의공원로 101 CCMM빌딩 703B호
전   화 02-2036-7928(편집팀) 02-2036-7935(마케팅팀)
홈페이지 www.pastor21.net
쇼 핑 몰 www.pastormall.net

ISBN 89-8304-018-1 03230

* 책 가격은 뒤표지에 있습니다.
* 잘못된 책은 구입하신 서점에서 교환해드립니다.
* 이 책 내용의 일부를 사용하려면 반드시 교회성장연구소의 서면동의를 받아야 합니다.

교회성장연구소(Institute for Church Growth)는 한국교회와 전국 목회자들의 사역을 위한 각종 정보를 제공해주고 목회자 및 신학생, 평신도 지도자를 위한 제반 교육을 전담할 뿐만 아니라 교회의 각종 문제를 진단하고 해결해 주는 이른바 교회성장 전문상담 및 연구기관(Church Growth Consulting & Research Center)입니다.

✽ 본서의 무단전재 및 복제행위는 법으로 금지되어 있습니다.